만화로 술술 읽으며 다시 배우는

중학 영문법

입문편

더북에듀

시작하며

그 지점에서부터 시작해,
영어를 만난 지
25년 만에
이런 생각이 들었어요.

만화 내용은 중학교 1학년 교과서 범위의 영문법을 기본으로 합니다.

이것은 단순히 영어를 다시 배우는 경험을 다룬 만화가 아니랍니다♡

그러나 이는 단순한 규칙 설명에 그치지 않고

중1 교과서 범위를 넘어 꼭 필요한 내용들도 함께 담았어요.

그 근본적인 이유와

'영어와 우리말 사이의 차이'

에 주목합니다.

Contents

시작하며 3
대체 왜 중학 영어일까? 8
등장인물 12

Part 1
형태가 있는데 왜 '셀 수 없다'는 것일까? 13

— 명사·관사 총정리 노트 33

명사·관사

Part 2
am은 '~은/는'이 아니다 36

— 동사 총정리 노트 51

동사

> **JUHUN'S ROOM** 편리한 단어 'do' 잘 사용하고 있나요? 55

Part 3
영어에 '미래형'은 존재하지 않는다 56

— 시제 총정리 노트 76

시제

Part 4
what과 how만 알면 의문사를 마스터할 수 있다! 86

— 의문사 총정리 노트 102

의문사

Part 5
명령문은 '명령'이 아니다! 106

— 명령문·감탄문 총정리 노트 119

명령문·감탄문

Part 6 동사를 도와 주는 말인데
동사보다 눈에 띈다! 122

└─ 조동사 총정리 노트 135

조동사

JUHUN'S ROOM 8년간의 영어 공부,
실제 몰입 시간은 단 한 달? 137

 Part 7 접속사를 사용하면
영어 문장의 수준이 올라간다! 138

└─ 접속사 총정리 노트 153

접속사

 Part 8 이미지를 파악하면
전치사는 틀리지 않는다! 156

└─ 전치사 총정리 노트 174

전치사

Part 9 '문장 형식'은
영어의 설계도 178

└─ 품사·문장 형식 총정리 노트 204

품사 · 문장 형식

JUHUN'S ROOM 학습 의욕을 샘솟게 하는
영어 명언 212

에필로그 213
후기 219
참고 문헌 222

등장인물

정주헌 교수님

대학교 영어과 교수이자 영어 교육 전문가
어려운 문법도 쉽고 흥미롭게 풀어내는, 이야기로 영어를
가르치는 스토리텔러

김지영

35세인 만화 일러스트레이터
영어에 알레르기가 있는 영어 왕초보

Part 1

형태가 있는데
왜 '셀 수 없다'는 것일까?

[명사 · 관사]

[명사·관사]

셀 수 있는 명사 [가산명사]

보통명사
사람, 동물, 개체로서 일정한 형태나 구분이 있는 것

cup 컵
star 별
tree 나무
egg 달걀

집합명사
같은 종류의 사물이나 사람이 모여 이루어진 집단 또는 무리

nation 국민
class 학급
family 가족

예외

life 처럼

눈에 보이지 않는 개념이라도 '시작'과 '끝'이 있으면 형태가 있다고 여기기 때문에 셀 수 있는 명사로 분류해요.

a life 인생
탄생 ─ 죽음

a break 휴식
시작 ─ 끝

이해는 되는데 조금 헷갈릴 수도 있겠어요~

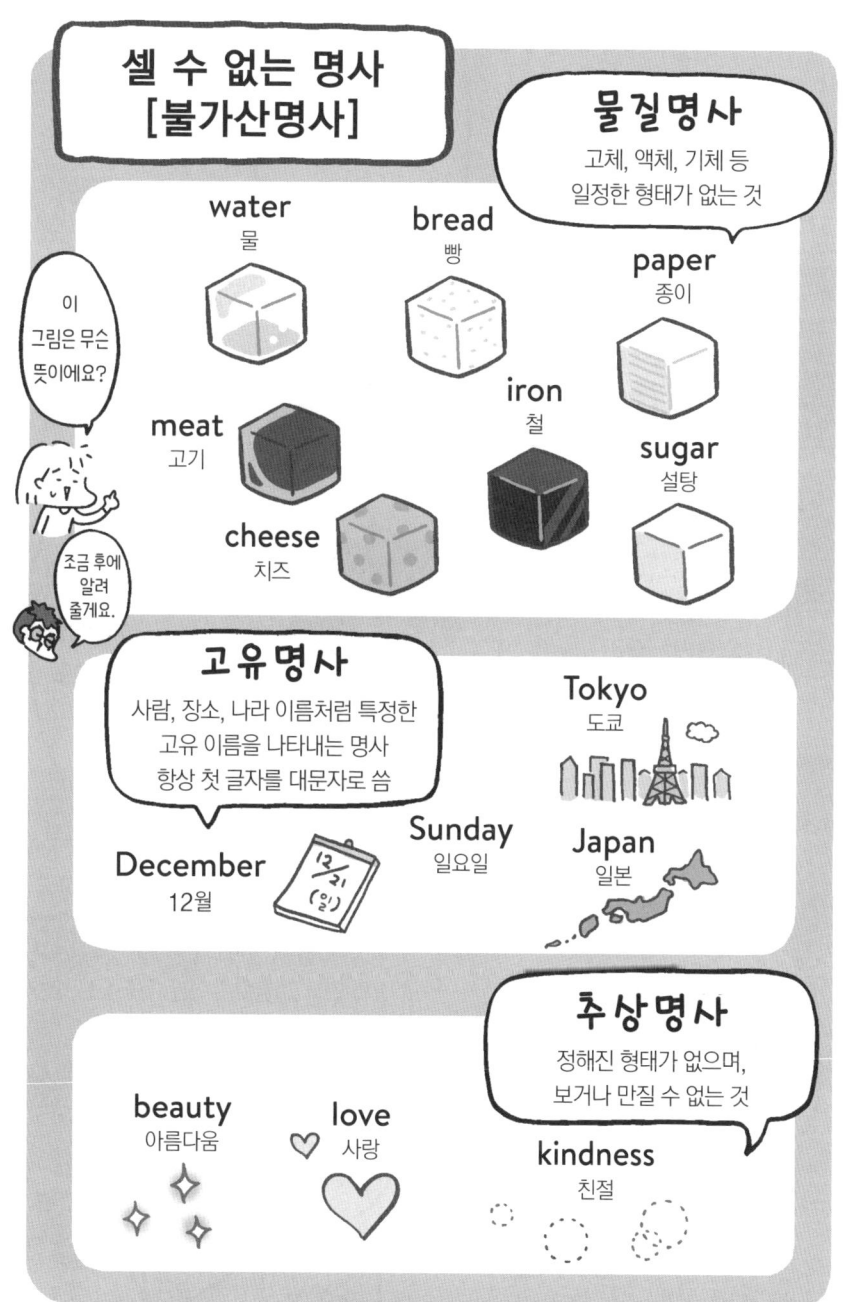

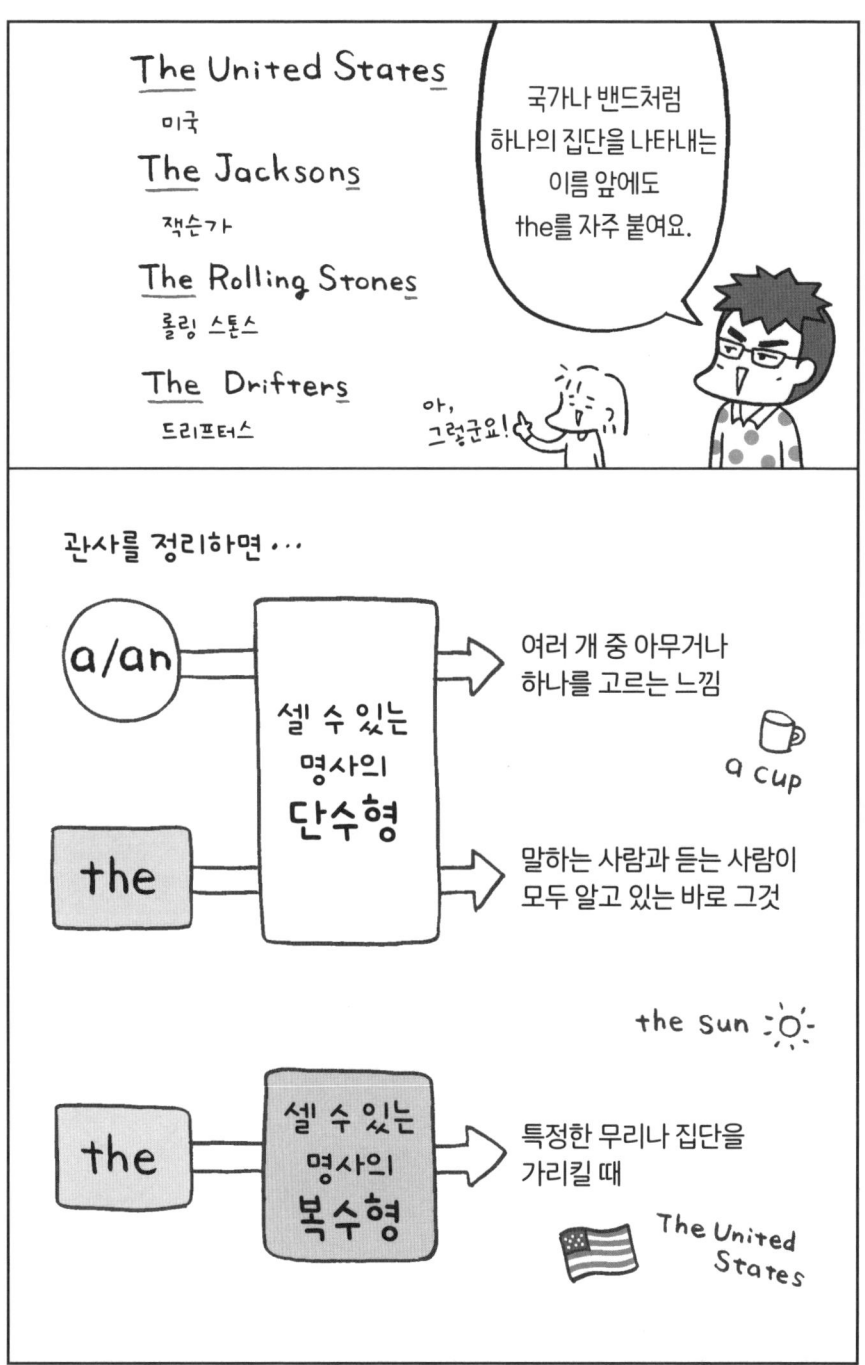

명사 · 관사 총정리 노트

셀 수 있는 명사와 셀 수 없는 명사

명사는 사람, 사물, 장소 등을 나타내는 이름이며, 셀 수 있느냐 없느냐에 따라 문장에서 사용하는 형태가 달라진다. 따라서 이를 잘 구분해 두어야 한다.

A box is on the table. 상자 하나가 탁자 위에 있다.
Students are taking an exam. 학생들이 시험을 치고 있다.
I enjoy music. 나는 음악을 즐긴다.
Pam's birthday is in December. 팸의 생일은 12월에 있다.

1 셀 수 있는 명사 (가산명사)

보통명사	apple, cup, star, tree, egg, student, tiger, day, house 등 … 사람, 동물, 개체로서 일정한 형태나 구분이 있는 것
집합명사	family, people, group, class, audience, company, generation 등 … 같은 종류의 사물이나 사람이 모여 이루어진 집단 또는 무리

TIPS day에 형태는 없지만, 단위나 횟수로 셀 수 있기 때문에 보통명사처럼 취급한다.

2 셀 수 없는 명사 (불가산명사)

물질명사	water, bread, paper, meat, iron, sugar, chalk, rain, snow 등 … 고체, 액체, 기체 등 일정한 형태가 없는 것
고유명사	Tokyo, December, Sunday, Mt. Hallasan, Brown(사람의 성씨) 등 … 사람, 장소, 나라 이름처럼 특정한 고유 이름을 나타내는 명사 　항상 첫 글자를 대문자로 씀
추상명사	beauty, information, money, health, science, music 등 … 정해진 형태가 없으며, 보거나 만질 수 없는 것

셀 수 있는 명사의 복수형

둘 이상의 셀 수 있는 명사를 나타낼 때는 일반적으로 명사 뒤에 -(e)s를 붙인다. 단, 마지막 철자에 따라 형태가 달라질 수 있으니 그 규칙을 잘 기억해 두는 것이 중요하다.

I bought an umbrella and three bags. 나는 우산 한 개와 가방 세 개를 샀다.
He exercises four days a week. 그는 일주일에 4일 운동한다.
These boxes are so heavy. 이 상자들은 매우 무겁다.
The leaves are red and yellow. 잎들이 빨갛고 노랗다.
Brush your teeth 3 times a day. 하루에 세 번 이를 닦으세요.
The sheep were eating grass in the field. 양들이 들판에서 풀을 뜯고 있었다.

1 규칙 복수형

대부분의 명사	명사 + -s	boys	dogs	stars	radios
-s, -x, -ss, -ch, -sh로 끝나는 명사	명사 + -es	buses churches	boxes dishes		classes
「자음+o」로 끝나는 명사	명사 + -s/-es	pianos	potatoes		tomatoes
「자음+y」로 끝나는 명사	-y를 -i로 바꾸고 + -ies	candies	ladies		countries
-f, -fe로 끝나는 명사	-f(e)를 -v로 바꾸고 + -es	knives	wives		leaves

2 불규칙 복수형

형태가 달라지는 명사	man – men foot – feet mouse – mice	woman – women tooth – teeth child – children	
단복수 형태가 같은 명사	fish – fish	sheep – sheep	deer – deer
항상 복수형으로 쓰는 명사	scissors	glasses	pants

관사 a/an과 the

관사는 명사 앞에 붙어서 그 명사의 의미를 명확히 하거나 보충하는 역할을 하는 품사이다. 영어의 관사에는 a/an과 the 두 종류가 있다.

I have a dog. 나는 개 한 마리를 가지고 있다.
The dog's name is Ben. 그 개의 이름은 벤이다.

1 부정관사 a/an
- 여러 개 중에 아무거나 하나를 고를 때 쓴다.
  → 아직 정해지지 않은 것, 막연한 대상을 나타낸다.
- 셀 수 있는 명사의 단수형 앞에 쓸 수 있다.

2 정관사 the
- 말하는 사람과 듣는 사람이 둘 다 알고 있는 것을 가리킬 때 쓴다.
  → 정해져 있는 것, 특정 대상을 나타낸다.
- 단수형, 복수형 상관없이 셀 수 있는 명사와 셀 수 없는 명사 앞에 모두 쓸 수 있다.

3 a/an과 the 구별
- I ate a tomato. 나는 토마토 한 개를 먹었다.
  → 어떤 토마토든 상관없는 불특정한 토마토 한 개
- I ate the tomato. 나는 그 토마토를 먹었다.
  → 말하는 사람과 듣는 사람이 모두 알고 있는 특정한 토마토
- I eat tomatoes. 나는 토마토를 먹는다.
  → 토마토라는 음식 자체를 일반적으로 가리킴(습관, 취향 등)

Part 2

am은 '~은/는'이 아니다

[동사]

be동사의 의문문

긍정문의 주어와 be동사의 자리를 바꾼 뒤, 문장 끝에 물음표를 붙인다

긍정문: You are a ghost.
너는 유령이다.

의문문: Are you a ghost?
너는 유령이니?

의문문도 그렇지만, 감정이 격해지거나 뭔가 강조하고 싶을 때 말 순서를 살짝 바꿔서 표현하기도 해요.

우리말도 감정이 격해지면 말 순서가 달라질 때 있잖아요? 영어도 비슷하네요!

누구세요? 당신은? 유령…? 혹시?

일반동사의 의문문

긍정문의 맨 앞에 Do를, 문장 끝에 물음표를 붙인다

보이지 않지만 do가 있어요

긍정문: You (do) swim in the sea.
너는 바다에서 수영을 한다.

의문문: Do you swim in the sea?
너는 바다에서 수영을 하니?

동사에 3인칭 단수형의 -(e)s가 붙어 있는 경우, 부정문 때와 마찬가지로 「does + 동사원형」 형태를 쓴다.

동사 총정리 노트

be동사의 문장

1 be동사의 긍정문

be동사는 '~이다', '~(에) 있다'라는 의미로 주어 뒤에 쓰인다.

I am a middle school student. 나는 중학생이다.
You are at home. 너는 집에 있다.
She is friendly. 그녀는 친절하다.
We are classmates. 우리는 반 친구다.

be동사의 현재형은 주어의 수와 인칭에 따라 am, are, is로 변한다. 주어가 인칭대명사일 때, 아포스트로피(')를 사용하여 「주어+be동사」를 줄여 말하는 경우가 많다.

주어		be동사 현재형	축약형
단수	1인칭 I	am	I'm
	2인칭 You	are	You're
	3인칭 He / She / It	is	He's / She's / It's
복수	1인칭 We		We're
	2인칭 You	are	You're
	3인칭 They		They're

I'm tired today. 나는 오늘 피곤하다.
You're my best friend. 너는 내 가장 친한 친구다.
It's a cute puppy. 그것은 귀여운 강아지다.
We're at the library now. 우리는 지금 도서관에 있다.

2 be동사의 부정문

be동사의 부정문은 '~가 아니다', '~(에) 있지 않다'는 의미로 be동사 바로 뒤에 not을 써서 나타낸다.

주어			be동사+not	축약형	
단수	1인칭	I	am not	I'm not	
	2인칭	You	are not	You're not	You aren't
	3인칭	He / She / It	is not	He's / She's / It's not	He / She / It isn't
복수	1인칭	We	are not	We're not	We aren't
	2인칭	You		You're not	You aren't
	3인칭	They		They're not	They aren't

I'm not sure. 나는 확실하지 않다.
You aren't late. 너는 늦지 않았다.
She isn't in the classroom. 그녀는 교실에 없다.
James and Julie aren't from England. 제임스와 줄리는 영국 출신이 아니다.

3 be동사의 의문문

be동사의 의문문은 '~이니?', '~(에) 있니?'라는 의미로 「be동사+주어 ~?」 형태로 나타낸다. 긍정문에서와 마찬가지로, 주어의 수와 인칭에 맞는 be동사를 사용해야 한다. be동사의 의문문에는 Yes나 No로 대답하는 것이 원칙이며, 부정의 대답에서는 일반적으로 「be동사+not」의 축약형을 쓴다.

A: Am I wrong again? 내가 또 틀렸나요?
B: Yes, you are. / No, you aren't. 응, 그래. / 아니, 안 그래.

A: Is he at work? 그는 직장에 있니?
B: Yes, he is. / No, he isn't. 응, 있어. / 아니, 없어.

A: Are they famous baseball players? 그들은 유명한 야구 선수들이니?
B: Yes, they are. / No, they aren't. 응, 맞아. / 아니, 아니야.

일반동사의 문장

1 일반동사의 긍정문

일반동사는 be동사를 제외한 대부분의 동사로, 주로 동작이나 상태를 나타낸다. 일반동사의 현재형은 주어에 따라 형태가 달라질 수 있다.

- 주어가 1, 2인칭이거나 3인칭 복수일 때는 동사원형을 그대로 쓴다.

I like jazz music. 나는 재즈 음악을 좋아한다.
You speak English very well. 너는 영어를 아주 잘한다.
My parents watch TV every evening. 우리 부모님은 매일 저녁 TV를 보신다.

- 주어가 3인칭 단수일 때는 동사원형에 -s 또는 -es를 붙인다.

대부분의 동사	동사원형 + -s	lives	swims	waits	helps
-s, -x, -ch, -sh, 「자음+o」로 끝나는 동사	동사원형 + -es	passes	watches	fixes	washes
		goes	does		
「자음+y」로 끝나는 동사	-y를 -i로 바꾸고 + -es	cries	studies	tries	dries
「모음+y」로 끝나는 동사	동사원형 + -s	plays	enjoys	says	buys
불규칙 변화	have → has				

It rains a lot in winter. 겨울에는 비가 많이 온다.
Mark lives in Chicago. His parents live in New York.
마크는 시카고에 산다. 부모님은 뉴욕에 사신다.
The earth goes around the sun. 지구는 태양 주위를 돈다.
A baby cries loudly. 아기가 크게 운다.
Emily usually plays tennis on Sundays. 에밀리는 보통 일요일에 테니스를 친다.
She has lunch at home every day. 그녀는 매일 집에서 점심을 먹는다.

2 일반동사의 부정문

일반동사의 현재형 부정문은 동사 앞에 do not 또는 does not을 붙여 만든다. 일상 회화에서는 축약형인 don't와 doesn't를 더 자주 쓴다. 특히 주어가 3인칭 단수일 때는 doesn't[does not]를 사용한다는 점에 주의해야 한다.

I don't eat vegetables. 나는 채소를 먹지 않는다.

He doesn't talk much. 그는 말이 많지 않다.
Jack and Helen don't like horror movies.
잭과 헬렌은 공포 영화를 좋아하지 않는다.
The shop doesn't open on weekends. 그 가게는 주말에 문을 열지 않는다.

3 일반동사의 의문문

일반동사의 현재형 의문문은 주어 앞에 Do 또는 Does를 붙여 만든다. 주어가 3인칭 단수일 때는 Does를 사용한다.

Do you go to school by bus? 너는 버스를 타고 학교에 가니?
Does Alice look angry? 앨리스는 화가 나 보이니?

의문문에 대한 대답은 Yes 또는 No로 하며, Yes 다음에는 do[does], No 다음에는 don't[doesn't]를 쓴다. 이때 주어는 대답하는 사람이나 사물에 맞게 인칭과 수를 고려하여 적절한 대명사로 바꾸어야 한다.

A: Do you exercise regularly? 너는 규칙적으로 운동을 하니?
B: Yes, I do. / No, I don't. 응, 해. / 아니, 안 해.

A: Does this bus go downtown? 이 버스는 시내로 가나요?
B: Yes, it does. / No, it doesn't. 네, 가요. / 아니, 안 가요.

A: Do they know each other? 그들은 서로 알고 있니?
B: Yes, they do. / No, they don't. 응, 알아. / 아니, 몰라.

A: Does he live near here? 그는 이 근처에 살고 있니?
B: Yes, he does. / No, he doesn't. 응, 이 근처에 살아. / 아니, 안 살아.

JUHUN'S ROOM

편리한 단어 'do' 잘 사용하고 있나요?

do는 '행위'를 나타내는 대표적인 동사로, 그 자체의 의미는 뚜렷하지 않지만 상황이나 맥락에 따라 다양한 동사의 대리 역할을 할 수 있습니다. 즉, 어떤 행동을 구체적으로 말하지 않고도 간단히 표현할 수 있게 해 주는 실용적이고 유용한 동사입니다.

예를 들어, do lunch는 '점심을 먹다'(= have lunch)를, do the dishes는 '설거지를 하다'(= wash the dishes)처럼 쓰입니다.

그렇다면 I did San Francisco in a week.는 무슨 뜻일까요? 이 문장은 '나는 샌프란시스코를 일주일간 관광했다'는 의미의 구어적 표현입니다. 직역하면 다소 어색하게 들릴 수 있지만, 영어에서는 'do + 도시명/장소명'을 '그곳을 방문하거나 관광하다'라는 뜻으로 자주 사용합니다. 이처럼 do는 상황에 따라 다양한 활동을 자연스럽게 표현할 수 있는 매우 실용적인 동사입니다.

do는 some + -ing 구조로도 자주 사용됩니다. 이 형태는 일상 회화에서 '어떤 활동을 조금 ~하다, ~을 좀 하다'는 의미로 행위의 정도나 양을 부드럽게 나타낼 때 유용합니다. 여기서 some은 '잠깐, 조금'이라는 느낌을 더해 주는 말입니다.

do some cleaning(청소를 좀 하다)   do some shopping(쇼핑을 좀 하다)
do some reading(책을 좀 읽다)   do some thinking(생각을 좀 하다)
do some walking(산책을 좀 하다)   do some swimming(수영을 좀 하다)
do some talking(이야기를 좀 하다)   do some drinking(음료를 좀 마시다)
do some dancing(춤을 좀 추다)   do some partying(파티를 좀 하다)
do some chatting(잡담을 좀 하다)   do some betting(내기를 좀 하다)

이때 some 대신 a little(아주 조금)이나 a lot of(많은)로 바꾸면 표현의 강도를 조절할 수 있습니다.

do a little shopping(쇼핑을 약간 하다)   do a lot of reading(독서를 많이 하다)

이처럼 do는 다양한 활동을 간단하게 표현할 수 있는 다재다능한 동사입니다.

Part
3

영어에 '미래형'은 존재하지 않는다

[시 제]

현재진행형

의미 (지금) ~하고 있다, ~하는 중이다

am[are, is] + 동사원형 -ing

그럼 먼저 현재진행형이 어떻게 만들어지는지부터 볼게요!

You are playing soccer.
너는 (지금) 축구를 하고 있다.

현재진행형의 부정문

긍정문의 am[are, is] 뒤에 not을 붙인다

긍정문
You are playing soccer.
너는 (지금) 축구를 하고 있다.

부정문
You are not playing soccer.
(aren't)
너는 (지금) 축구를 안 하고 있다.

현재진행형의 의문문

긍정문의 주어와 am[are, is]의 자리를 바꾼 뒤, 문장 끝에 물음표를 붙인다

긍정문
You are playing soccer.
너는 (지금) 축구를 하고 있다.

의문문
Are you playing soccer?
너는 (지금) 축구를 하고 있니?

[시제]

❌ be동사 과거형의 부정문

긍정문의 be동사 뒤에 not을 붙인다

긍정문
You were a police officer.
너는 경찰관이었다.

부정문
You were not a police officer.
너는 경찰관이 아니었다.

❓ be동사 과거형의 의문문

긍정문의 주어와 be동사의 자리를 바꾼 뒤, 문장 끝에 물음표를 붙인다

긍정문
You were a police officer.
너는 경찰관이었다.

의문문
Were you a police officer?
너는 경찰관이었니?

일반동사 과거형의 부정문

do의 과거형 did

긍정문의 동사를 원형으로 바꾼 뒤, 앞에 did not을 붙인다

긍정문
He used this pen.
그는 이 펜을 사용했다.

부정문
He did not use this pen.
(didn't)
그는 이 펜을 사용하지 않았다.

일반동사 과거형의 의문문

긍정문 앞에 Did를 두고 동사는 원형으로 바꾼 뒤, 문장 끝에 물음표를 붙인다

긍정문
He used this pen.
그는 이 펜을 사용했다.

의문문
Did he use this pen?
그가 이 펜을 사용했니?

참고로 do의 과거형인 did는 주어가 뭐가 오든 항상 똑같이 did예요.

I든 You든 She든 Ken이든

안 바꾼다니 너무 고마운 거 아니에요~

시제 총정리 노트

현재진행형의 문장

1 현재진행형의 긍정문

'~하고 있다', '~하는 중이다'와 같은 의미로 지금 진행 중인 동작이나 상황을 나타낸다.
「be동사의 현재형(am, are, is)+동사원형-ing」 형태로 쓰며, be동사는 주어의 인칭과 수에 따라 달라진다.

I'm doing my homework.　나는 숙제를 하고 있다.
Mia is talking on the phone.　미아는 통화 중이다.
They're eating dinner.　그들은 저녁을 먹고 있다.
It's getting dark.　날씨가 점점 어두워지고 있다.

동사를 -ing형으로 만드는 방법은 다음과 같다.

대부분의 동사	동사원형 + -ing	doing　going　eating snowing　talking　working
-e로 끝나는 동사	-e를 빼고 + -ing	give → giving　make → making come → coming　write → writing
-ie로 끝나는 동사	-ie를 -y로 바꾸고 + -ing	lie → lying　die → dying
「단모음+단자음」으로 끝나는 동사	마지막 자음을 한번 더 쓰고 + -ing	sit → sitting　run → running cut → cutting　swim → swimming

It's snowing outside.　밖에 눈이 내리고 있다.
I'm coming downstairs.　나는 아래층으로 내려가고 있다.
We are making a cake.　우리는 케이크를 만들고 있다.
Leo is lying on the grass.　리오는 잔디밭에 누워 있다.
My cat is running around the house.　내 고양이는 집 안을 뛰어다니고 있다.
The kids are swimming in the pool.　아이들이 수영장에서 수영하고 있다.

2 현재진행형의 부정문

현재진행형의 부정문은 「be동사의 현재형+not+동사원형-ing」 형태로 쓴다. '~하고 있지 않다', '~하는 중이 아니다'와 같은 의미를 나타낸다.

I'm not cleaning my room. 나는 내 방을 청소하고 있지 않다.
They are not wearing jackets. 그들은 재킷을 입고 있지 않다.
He isn't brushing his teeth. 그는 이를 닦고 있지 않다.
Olivia isn't telling the truth. 올리비아는 사실을 말하고 있지 않다.

3 현재진행형의 의문문

현재진행형의 의문문은 「be동사의 현재형+주어+동사원형-ing ~?」 형태로 쓴다. 이때 '~하고 있니?'처럼 지금 하고 있는 행동이나 상황을 물어볼 때 사용한다.
이때 의문문에 대한 대답은 「Yes, 주어+be동사.」 / 「No, 주어+be동사+not.」 형태로 쓴다.

A: Am I doing all right? 내가 잘하고 있니?
B: Yes, you are. / No, you aren't. 응, 잘하고 있어. / 아니, 잘 못하고 있어.

A: Is he reading a book? 그는 책을 읽고 있니?
B: Yes, he is. / No, he isn't. 응, 읽고 있어. / 아니, 안 읽고 있어.

A: Are they waiting for me? 그들이 나를 기다리고 있니?
B: Yes, they are. / No, they aren't. 응, 기다리고 있어. / 아니, 안 기다리고 있어.

TIPS 진행형을 쓸 수 없는 동사

진행형은 지금 어떤 동작이 일어나고 있는 중임을 나타내는 표현이다. 따라서 동작이 아닌, 상태나 감정, 지각을 나타내는 동사는 일반적으로 진행형으로 쓰지 않는다. 이러한 동사들을 '비활동적 동사' 또는 '상태 동사'라고 한다. 이들은 '움직임'이나 '변화' 없이 지속되는 상태를 표현하기 때문에 일반적으로 현재진행형으로 쓰이지 않는다.

감정	like 좋아하다	love 사랑하다	want 원하다	prefer 선호하다
지각	see 보다	hear 들리다	feel 느끼다	smell 냄새가 나다
	taste 맛이 나다	sound ~처럼 들리다		
생각	know 알다	remember 기억하다	think 생각이 떠오르다	
상태	resemble 닮다		remain 여전히 ~이다	

단, 활동적 의미로 쓰여서 진행형이 되는 동사도 있다.

smell	비활동적… 냄새가 나다, 냄새를 느끼다
	활동적… 냄새를 맡다
think	비활동적… 생각이 떠오르다
	활동적… 생각하다

The soup is smelling good. (x)
The soup smells good.　그 수프는 맛있는 냄새가 난다.

I'm thinking it's great. (x)
I think it's great.　나는 그것이 멋지다고 생각한다.

She is smelling the rose.　그녀는 장미 냄새를 맡고 있다.
I'm thinking about it.　나는 그것을 생각하고 있다.

be동사 과거형의 문장

1 be동사의 과거형 긍정문
be동사의 과거형은 '~였다', '~(에) 있었다'는 의미로 과거의 상태나 상황을 나타낸다.
I'm fine today.　나는 오늘 괜찮다.
I was sick yesterday.　나는 어제 아팠다.

주어에 따라 was 또는 were를 쓴다.

주어	be동사 과거형
I / He / She / It	was
We / You / They	were

I was at home last night.　나는 어젯밤 집에 있었다.
You were kind to me.　당신은 친절했어요.
His father was a teacher.　그의 아버지는 교사였다.
They were happy after the game.　그들은 경기 후에 행복했다.

2 be동사의 과거형 부정문

be동사의 과거형 부정문은 '~이 아니었다', '~(에) 있지 않았다'의 의미를 나타내며, was 또는 were 뒤에 not을 붙여 만든다.

주어	be동사 과거형 + not	축약형
I / He / She / It	was not	wasn't
We / You / They	were not	weren't

I wasn't hungry in the morning. 나는 아침에 배고프지 않았다.
You were not in the classroom. 너는 교실에 없었다.
It wasn't cold last night. 어젯밤은 춥지 않았다.
We weren't ready for the test. 우리는 시험 준비가 되어 있지 않았다.
They were not interested in the movie. 그들은 그 영화에 관심이 없었다.

3 be동사의 과거형 의문문

be동사의 과거형 의문문은 '~이었니?', '~(에) 있었니?'와 같은 의미를 나타내며, 「be동사의 과거형＋주어 ~?」 형태로 쓴다.
이때 의문문에 대한 대답은 「Yes, 주어＋be동사의 과거형.」/「No, 주어＋be동사의 과거형＋not.」 형태로 쓴다.

A: Was she the winner of the contest? 그녀는 그 대회의 우승자였니?
B: Yes, she was. / No, she wasn't. 응, 맞어. / 아니, 아니었어.

A: Were we late to the meeting? 우리가 그 회의에 늦었니?
B: Yes, we were. / No, we weren't. 응, 늦었어. / 아니, 늦지 않았어.

A: Was the restaurant expensive? 그 식당은 비쌌니?
B: Yes, it was. / No, it wasn't. 응, 비쌌어. / 아니, 안 비쌌어.

A: Were they classmates in college? 그들은 대학에서 같은 반이었니?
B: Yes, they were. / No, they weren't. 응, 맞아. / 아니, 아니었어.

일반동사 과거형의 문장

1 일반동사 과거형의 긍정문

일반동사를 사용하여 과거에 일어난 일을 나타낼 때는 주어의 인칭이나 수에 관계없이 일반동사의 과거형을 사용하며, 보통 '~했다'라고 해석한다. 주로 yesterday, last ~, ~ ago 등과 같은 과거를 나타내는 표현들과 함께 쓰인다.

I walk to school. 나는 학교까지 걸어간다.
I walked to school yesterday. 나는 어제 학교까지 걸어갔다.

대부분의 일반동사는 동사원형에 -(e)d를 붙여서 과거형을 만든다.

대부분의 동사	동사원형 + -ed	help → helped look → looked	want → wanted walk → walked
「자음 + -e로」 끝나는 동사	-e 대신 -d	like → liked hope → hoped	move → moved believe → believed
「자음 + -y로」 끝나는 동사	-y 대신 -ied	cry → cried	study → studied
「모음 + 자음」으로 끝나는 동사	마지막 자음을 한번 더 쓰고 + -ed	stop → stopped plan → planned	drop → dropped rub → rubbed

She helped me with my homework. 그녀가 내 숙제를 도와줬다.
We moved to New York last week. 우리는 지난주에 뉴욕으로 이사했다.
I believed what he said. 나는 그가 한 말을 믿었다.
He studied hard for the exam. 그는 시험 준비를 열심히 했다.
They stayed home all day long. 그들은 하루종일 집에 있었다.
The driver stopped at the bus stop. 운전기사는 버스 정류장에서 멈췄다.
My sister planned a surprise party for me.
내 여동생이 나를 위해 깜짝 파티를 계획했다.

일부 일반동사의 과거형은 형태가 불규칙하게 변한다. 대부분 단어의 모음이나 끝 자음이 바뀌며, 각 동사는 개별적으로 외워야 한다. (82쪽의 불규칙 변화표를 참고하세요.)

I forgot her name. 나는 그녀의 이름을 잊어버렸다.
Amy took a picture of the sunset. 에이미는 노을 사진을 찍었다.
The book fell from his hands. 책이 그의 손에서 떨어졌다.

William brought some flowers for Ava. 윌리엄은 아바를 위해 꽃을 좀 가져왔다.
They lost their luggage at the airport. 그들은 공항에서 수하물을 잃어버렸다.
My family spent two weeks in Paris. 우리 가족은 파리에서 2주를 보냈다.

2 일반동사 과거형의 부정문

일반동사의 과거형으로 부정문을 만들 때는 주어의 인칭이나 수에 관계없이「did not [didn't]+동사원형」형태를 사용하며, '~하지 않았다'라고 해석한다.

I didn't hear the news yesterday. 나는 어제 그 소식을 듣지 않았다.
You didn't answer my question. 너는 내 질문에 대답하지 않았다.
Emily didn't enjoy the concert. 에밀리는 그 콘서트를 즐기지 못했다.
Mr. Green didn't fix the car. 그린 씨는 차를 고치지 않았다.
They didn't finish the project. 그들은 그 프로젝트를 끝내지 않았다.

3 일반동사 과거형의 의문문

일반동사의 과거형으로 의문문을 만들 때는 주어의 인칭이나 수에 관계없이「Did+주어+동사원형 ~?」형태를 사용하며, 보통 '~했니?'라고 해석한다.
이때 의문문에 대한 대답은「Yes, 주어+did.」/「No, 주어+didn't.」형태로 쓴다.

A: Did you call me last night? 너는 어젯밤 내게 전화했니?
B: Yes, I did. / No, I didn't. 응, 했어. / 아니, 안 했어.

A: Did Dave grow up in Italy? 데이브는 이탈리아에서 자랐니?
B: Yes, he did. / No, he didn't. 응, 그래. / 아니, 그렇지 않아.

A: Did we miss the train? 우리는 기차를 놓쳤니?
B: Yes, we did. / No, we didn't. 응, 놓쳤어. / 아니, 안 놓쳤어.

A: Did the Smiths buy a house? 스미스 가족이 집을 샀니?
B: Yes, they did. / No, they didn't. 응, 샀어. / 아니, 안 샀어.

A: Did Sarah pass her math exam? 사라는 수학 시험에 합격했니?
B: Yes, she did. / No, she didn't. 응, 합격했어. / 아니, 합격하지 못 했어.

불규칙 동사 변화표

원형	현재형	과거형	과거분사형	-ing형
be (~이다, 있다)	am/is/are	was/were	been	being
become (~이 되다)	become(s)	became	become	becoming
break (깨뜨리다)	break(s)	broke	broken	breaking
bring (가져오다)	bring(s)	brought	brought	bringing
build (짓다, 만들다)	build(s)	built	built	building
buy (사다)	buy(s)	bought	bought	buying
catch (잡다)	catch(es)	caught	caught	catching
choose (고르다)	choose(es)	chose	chosen	choosing
come (오다)	come(s)	came	come	coming
do (하다)	do/does	did	done	doing
draw (그리다, 당기다)	draw(s)	drew	drawn	drawing
drink (마시다)	drink(s)	drank	drunk	drinking
drive (운전하다)	drive(s)	drove	driven	driving
eat (먹다)	eat(s)	ate	eaten	eating
fall (떨어지다, 하락하다)	fall(s)	fell	fallen	falling
feel (느끼다)	feel(s)	felt	felt	feeling
find (발견하다)	find(s)	found	found	finding
fly (날다)	fly/flies	flew	flown	flying
forget (잊다)	forget(s)	forgot	forgotten	forgetting
get (얻다)	get(s)	got	got/gotten	getting

give (주다)	give(s)	gave	given	giving
go (가다)	go(es)	went	gone	going
grow (성장하다)	grow(s)	grew	grown	growing
have (가지다)	have/has	had	had	having
hear (듣다)	hear(s)	heard	heard	hearing
hit (때리다, 달성하다)	hit(s)	hit	hit	hitting
hold (쥐다)	hold(s)	held	held	holding
keep (유지하다)	keep(s)	kept	kept	keeping
know (알다)	know(s)	knew	known	knowing
learn (배우다)	learn(s)	learned/learnt	learned/learnt	learning
leave (남기다, 두다)	leave(s)	left	left	leaving
lose (잃다)	lose(s)	lost	lost	losing
make (만들다)	make(s)	made	made	making
mean (의미하다)	mean(s)	meant	meant	meaning
meet (만나다)	meet(s)	met	met	meeting
put (놓다, 두다)	put(s)	put	put	putting
read (읽다)	read(s)	read	read	reading
run (달리다)	run(s)	ran	run	running
say (말하다)	say(s)	said	said	saying
see (보다)	see(s)	saw	seen	seeing
show (보여 주다)	show(s)	showed	shown	showing

sing (노래하다)	sing(s)	sang	sung	singing
sleep (자다)	sleep(s)	slept	slept	sleeping
speak (말하다)	speak(s)	spoke	spoken	speaking
spend (소비하다)	spend(s)	spent	spent	spending
swim (수영하다)	swim(s)	swam	swum	swimming
take (받다, 가지다)	take(s)	took	taken	taking
teach (가르치다)	teach(es)	taught	taught	teaching
tell (말하다)	tell(s)	told	told	telling
think (생각하다)	think(s)	thought	thought	thinking
understand (이해하다)	understand(s)	understood	understood	understanding
wear (입다)	wear(s)	wore	worn	wearing
win (이기다, 상을 타다)	win(s)	won	won	winning
write (쓰다)	write(s)	wrote	written	writing

Part
4

what과 how만 알면
의문사를 마스터할 수 있다!

[의 문 사]

※ 3단현 : 주어가 3인칭 단수일 때 현재형 문장

이처럼 질문 방식이 다르면, 대답도 이렇게 달라질 수 있어요.

① **What** 의 대답
I think the economy will go up.
나는 경제가 좋아질 거라고 생각한다.

② **How** 의 대답
I'm excited about it.
나는 그것이 기대된다.

와!
느낌이 완전 다르네요!

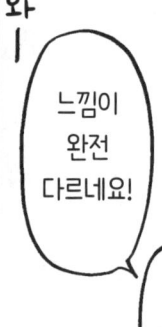

what은 의견이나 판단을 물을 때, how는 감정이나 느낌을 묻고 싶을 때 자주 써요.

같은 질문이라도 어떤 대답을 듣고 싶은지에 따라 달라지는 거예요.

What do you think of ~?
객관적인 평가나 의견을 물어볼 때

How do you feel about ~?
감정이나 느낌을 물어볼 때

how는 좀 더 정중한 뉘앙스가 있어서, 처음 만난 사람에게 쓰기에도 적절해요.

- She came to Japan because she loves Japanese cartoons.
- Because she loves Japanese cartoons, she came to Japan.

그녀는 일본 만화를 좋아하기 때문에 일본에 왔다.

의문사 총정리 노트

단독으로 사용하는 의문사

의문사는 상대방에게 누가, 언제, 어디서, 무엇을, 어떻게, 왜 등과 같이 구체적인 정보를 묻는 말이다. 즉, 잘 모르는 내용 대신에 의문사를 사용하여 질문할 수 있다. 따라서 의문문에 대답할 때는 Yes 또는 No로만 답하지 않고, 의문사가 묻는 정보에 맞게 구체적으로 대답해야 한다.

1 who

의문사 who는 '누구', '누가'라는 뜻으로, 사람에 대한 정보를 물어볼 때 쓴다.

A: Who is your best friend? 너의 가장 친한 친구는 누구니?
B: It's Oliver. 올리버야.

A: Who is that girl over there? 저쪽에 있는 여자아이는 누구니?
B: She's my sister. 그녀는 내 여동생이야.

2 when

의문사 when은 '언제'라는 뜻으로, 시간이나 날짜에 관한 정보를 물어볼 때 쓴다. 구체적인 시각을 물어볼 때는 What time을 쓰기도 한다.

A: When do you play basketball? 너는 언제 농구를 하니?
B: On weekdays. 평일에 해.

A: When can we have lunch? 우리는 언제 점심을 먹을 수 있나요?
B: After the Louvre Museum. 루브르 박물관을 관람한 후에요.

3 where

의문사 where는 '어디에', '어디서'라는 뜻으로, 장소나 위치에 관한 정보를 물어볼 때 쓴다.

A: Where are my socks? 내 양말은 어디에 있지?
B: They're on the floor! 바닥에 있어!

A: Where do you live now? 너는 지금 어디에 사니?
B: I live in Busan. 나는 부산에 살아.

4 why

의문사 why는 '왜'라는 뜻으로, 원인이나 이유에 관한 정보를 물어볼 때 쓴다. 주로 because를 써서 대답한다.

A: Why were you late today? 너는 오늘 왜 늦었니?
B: Because I missed the bus. (왜냐하면) 나는 버스를 놓쳤어.

A: Why do you like pizza? 너는 왜 피자를 좋아하니?
B: Because it tastes great. (왜냐하면) 그것은 맛있거든.

5 how

의문사 how는 '어떻게'라는 뜻으로, 상태나 방법, 수단 등의 정보를 물어볼 때 쓴다.

A: How did you come here? 여기까지 어떻게 왔어요?
B: On foot. 걸어서요.

A: How is the weather in London? 런던 날씨는 어떠니?
B: It's cloudy. 흐려.

의문사 how 뒤에 형용사나 부사를 붙이면 '얼마나 ~한/하게'의 의미로 정도나 수치를 물어볼 수 있다.

A: How old is this tree? 이 나무는 몇 살이에요?
B: It's about 100 years old. 100살 정도예요.

A: How often do you go hiking? 너는 얼마나 자주 하이킹을 가니?
B: Once a week. 일주일에 한 번.

A: How much butter do we need? 버터가 얼마나 필요하니?
B: We need just a little. 조금만 필요해

TIPS 자주 쓰이는 「How + 형용사 / 부사」 표현

How many	얼마나 많은 (수의) ~?	How long	얼마나 긴/오래 ~?
How much	얼마나 많은 양의/많이 ~?	How tall	얼마나 키가 큰/높은 ~?
How old	몇 살인 ~?	How often	얼마나 자주 ~?
How big	얼마나 큰 ~?	How far	얼마나 먼 ~?
How heavy	얼마나 무거운/심하게 ~?	How good	얼마나 좋은 ~?

단독으로도, 명사와 함께 쓸 수 있는 의문사

의문사는 단독으로 쓸 때는 「의문사+의문문 ~?」의 어순으로, 명사와 함께 쓸 때는 「의문사+명사+의문문 ~?」의 어순으로 쓴다.

1 what

의문사 what은 단독으로 쓰일 때 '무엇'이라는 뜻으로, 사물이나 상황에 대한 정보를 물어볼 때 쓴다.

A: What do you have for breakfast? 너는 아침 식사로 무엇을 먹니?
B: I usually have cereal and milk. 나는 보통 시리얼과 우유를 먹어.

what이 명사와 함께 쓰이면 '무슨', '어떤'이라는 뜻이 되어, 더 구체적인 정보를 물어볼 수 있다.

A: What time is it now? 지금 몇 시니?
B: It's two o'clock. 2시야.

A: What time does the class start? 그 수업은 몇 시에 시작하니?
B: It starts soon. 곧 시작해.

2 which

의문사 which는 '어느 것' 또는 '어느 쪽'이라는 뜻으로, 두 가지 이상의 정해진 대상 중에서 하나를 선택하도록 물어볼 때 쓴다.

A: Which do you like better, summer or winter?
　너는 여름과 겨울 중 어느 쪽을 더 좋아하니?
B: I like summer better. 나는 여름을 더 좋아해.

which가 명사와 함께 쓰이면 '어떤 ~', '어느 ~'의 뜻이 되어, 더 구체적인 선택을 묻는 표현이 된다.

A: Which color do you prefer? 너는 어느 색깔을 선호하니?
B: I prefer green. 나는 초록색을 선호해.

3 whose

의문사 whose는 '누구의 것', '누구의'라는 뜻으로, 소유에 대한 정보를 물어볼 때 쓴다. 사람뿐만 아니라 사물의 소유자를 물어볼 때도 쓸 수 있다.

A: Whose are these glasses? 이 안경은 누구 것이니?
B: They're mine. 내 것이야.

A: Whose idea is this? 이것은 누구 아이디어니?
B: It's Ellie's idea. 엘리가 낸 아이디어야.

이유를 나타내는 접속사 because의 쓰임

A: Why did you cancel your trip? 너는 왜 여행을 취소했니?
B: Because I was sick in bed. 나는 아파서 침대에 누워 있었거든.

위의 대답은 일상 회화(구어체)에서는 자연스럽지만, 문장 쓰기(문어체)에서는 적절하지 않다. because는 접속사이므로 반드시 두 문장을 연결해서 써야 하며, 문법적으로 올바른 표현은 다음과 같다.

I canceled my trip because I was sick in bed.
나는 아파서 침대에 누워 있었기 때문에 여행을 취소했다.

날짜 표기법

1월	January	2월	February	3월	March	4월	April
5월	May	6월	June	7월	July	8월	August
9월	September	10월	October	11월	November	12월	December

1일	first	2일	second	3일	third	4일	fourth
5일	fifth	6일	sixth	7일	seventh	8일	eighth
9일	ninth	10일	tenth	11일	eleventh	12일	twelfth
13일	thirteenth	14일	fourteenth	15일	fifteenth	16일	sixteenth
17일	seventeenth	18일	eighteenth	19일	nineteenth	20일	twentieth
21일	twenty-first	22일	twenty-second	23일	twenty-third	24일	twenty-fourth
25일	twenty-fifth	26일	twenty-sixth	27일	twenty-seventh	28일	twenty-eighth
29일	twenty-ninth	30일	thirtieth	31일	thirty-first		

TIPS 날짜를 셀 때 사용하는 숫자를 '서수'라고 하며, 위의 표와 같은 날짜 외에 횟수나 순서 등에도 쓰인다.

Part 5

명령문은 '명령'이 아니다!

[명령문·감탄문]

how 감탄문

How + 형용사/부사 + 주어 + 동사 !

[주어]는 정말 [형용사]하구나!
[주어]는 정말 [부사]하게 ~하는구나!

She is very cute.
그녀는 정말 귀엽다.

How <u>cute</u> <u>she</u> <u>is</u>!
　　형용사　주어　동사
그녀는 정말 귀엽구나!

what 감탄문

What + a/an + 형용사 + 명사 + 주어 + 동사 !

[주어]는 정말 [형용사]한 [명사]이구나!

He is a very smart boy.
그는 매우 영리한 남자아이다.

What a <u>smart</u> <u>boy</u> <u>he</u> <u>is</u>!
　　　　형용사　명사　주어 동사
그는 정말 영리한 남자아이구나!

명령문 · 감탄문 총정리 노트

명령문

1 긍정명령문

명령문은 상대방에게 '~해라', '~하세요'처럼 어떤 행동을 지시하거나 요구할 때 사용하는 문장이다. 보통 상대방을 직접 보며 말하기 때문에 you라는 주어는 생략되고, 문장은 동사원형으로 시작한다. 좀 더 공손하게 표현하고 싶을 때는 문장 맨 앞이나 뒤에 please를 붙여 사용하기도 한다.

Turn off the light. 불을 꺼 줘.
Raise your hand. 손을 들어 주세요.
Be quiet in the library. 도서관에서는 조용히 하세요.
Please wait a moment. 잠깐만 기다려 주세요.
Open the window, please. 창문 좀 열어 주세요.

2 부정명령문

'~하지 마라', '~하지 마세요'처럼 금지를 나타낼 때는 「Don't[Do not]+동사원형 ~.」 형태를 사용한다. 더 강한 금지의 의미를 나타낼 때는 「Never+동사원형 ~.」 형태를 써서 '절대 ~하지 마라'라고 표현하기도 한다.

Don't be late. 늦지 마.
Don't forget your homework. 숙제 잊지 마세요.
Don't use your cell phone in class. 수업 중에 휴대전화 사용하지 마세요.
Please do not cross the line. 선을 넘지 말아 주세요.
Never touch that. 절대 서거 만지지 마.

Let's 제안문

상대방에게 '~하자'고 함께 어떤 행동을 제안하거나 권유할 때는 「Let's+동사원형 ~.」을 사용한다. 반대로, '~하지 말자'고 할 때는 「Let's not+동사원형 ~.」 형태를 쓴다.

Let's go swimming. 수영하러 가자.
Let's clean the room. 방 청소하자.

Let's **eat out tonight**. 오늘 밤에는 외식하자.
Let's not **give up**. 포기하지 말자.
Let's not **waste our time**. 시간을 낭비하지 말자.
Let's not **stay up too late**. 너무 늦게까지 깨어 있지 말자.

제안할 때는 Let's 외에도 다음과 같은 표현을 사용할 수 있다.

Shall we + 동사원형 ~? 우리 ~할래?	Shall we **go now**? 이제 갈까?
Why don't we[you] + 동사원형 ~? 우리[너] ~하는게 어때?	Why don't we **watch a movie this weekend**? 우리 이번 주말에 영화 보는 게 어때? Why don't you **take a break**? 잠깐 쉬는 게 어때?
What[How] about + (동)명사 ~? ~는 어때?, ~하는 게 어때?	How about **playing a game**? 게임하는 게 어때? What about **pizza for lunch**? 점심으로 피자 어때?

감탄문

감탄문은 '정말 ~하구나!'처럼 기쁨, 놀람, 슬픔 등의 감정을 나타내는 문장이다. 감탄문에는 how로 시작하는 것과 what으로 시작하는 형태가 있다.

How 감탄문	How + 형용사[부사] (+ 주어 + 동사)!
What 감탄문	What (+ a/an) + 형용사 + 명사 (+ 주어 + 동사)!

TIPS 감탄문에서는 주어와 동사가 종종 생략되기도 한다.
TIPS What 감탄문에서 명사가 복수형이거나 불가산명사일 경우에는 a/an을 쓰지 않는다.

How **nice** (the weather is)! (날씨가) 정말 좋구나!
How **fast** she runs! 그녀는 정말 빨리 달리는구나!
What **a good idea** (it is)! (그것은) 정말 좋은 생각이구나!
What **beautiful flowers** (they are)! (그것들은) 정말 아름다운 꽃들이구나!
What **amazing news**! 정말 놀라운 소식이구나!

단어의 뜻이 뭔지 몰라요.
그렇다고 뜻을 찾아보지도 않지요.

Part 6

동사를 도와 주는 말인데
동사보다 눈에 띈다!

[조동사]

① 〈능력〉 ~할 수 있다
He can speak English.
그는 영어를 말할 수 있다.

② 〈가능성〉 ~할 수 있다
We can climb Mt. Fuji today.
우리는 오늘 후지산에 올라갈 수 있다.

③ 〈허락〉 ~할 수 있다
You can go home now.
이제 집에 가도 돼요.

④ 〈추측〉 ~할 수도 있다
She can be late.
그녀가 늦을 수도 있다.

조동사 총정리 노트

조동사

조동사는 동사의 의미를 더 정확하게 전달하도록 도와 주는 말로, 크게 두 그룹으로 나뉜다.

can · will · may	말하는 사람의 능력, 의지, 가능성, 의무, 판단 등을 나타낸다. … can, will, may, must, shall, should, would, might 등
be · do · have	문법 구조를 형성하거나 시제, 태, 부정문 등을 구성하는 데 사용된다. … be, do, have

조동사는 주어의 인칭이나 수에 따라 형태가 변하지 않으며, 항상 뒤에 동사원형이 온다.
She can speak Spanish.　그녀는 스페인어를 말할 수 있다.
It may be sunny tomorrow.　내일은 맑을지도 모른다.
He will do well on the test.　그는 시험을 잘 볼 것이다.

조동사의 부정문에서는 조동사 바로 뒤에 not을 쓴다. 축약형(can't, won't 등)도 자주 쓰인다.
I cannot(can't) ride a bike.　나는 자전거를 탈 수 없다.
You may not use your phone during the test.　시험 중에는 휴대전화를 사용하면 안 된다.
Fred will not(won't) come tomorrow.　프레드는 내일 오지 않을 것이다.
We cannot(can't) dive into the pool.　우리는 수영장에 뛰어들 수 없다.
Rachel will not(won't) listen to me.　레이첼은 내 말을 듣지 않을 것이다.

조동사의 의문문에서는 조동사가 문장의 맨 앞에 온다. 질문의 형대로 허락, 가능성, 미래의 일 등을 묻는다.
Can I use your computer?　컴퓨터 좀 써도 될까요?
Will she be at the meeting?　그녀는 회의에 참석할까요?
May I come in?　들어가도 될까요?
Can this machine print in color?　이 기계는 컬러 인쇄를 할 수 있나요?

조동사 can

can은 다음과 같은 다양한 의미로 쓰인다.

능력	~할 수 있다	She can solve the problem. 그녀는 그 문제를 해결할 수 있다.
가능성	~할 수 있다	It can happen to anyone. 그것은 누구에게나 일어날 수 있다.
허락	~해도 된다	You can leave now. 너는 이제 가도 된다.
추측	~할 수도 있다	It can be true. 그것은 사실일 수도 있다.

can 의문문은 문맥에 따라 허락을 구하는 공손한 표현이 되기도 한다.

A: I don't have a pen. Can I borrow yours? 나는 펜이 없어. 네 펜 좀 빌려도 될까?
B: Here you go. 여기 있어.

A: Can I sit here? 여기 앉아도 될까요?
B: Yes, you can. / No, you can't. 네, 그러세요. / 아니요, 안 됩니다.

A: Can I pay by credit card? 카드로 결제해도 될까요?
B: Yes, you can. / Of course. 네, 가능합니다. / 물론이죠.
　No, you can't. / Sorry, you can't. 아니요, 안 됩니다. / 죄송하지만 안 됩니다.

A: Can you take my picture, please? 사진 좀 찍어 주실 수 있나요?
B: Sure. 물론이죠.

A: Can you open the window for me? 창문 좀 열어 주시겠어요?
B: OK. Just a moment. 네. 잠시만요.

8년간의 영어 공부, 실제 몰입 시간은 단 한 달?

최근 들어 '실용적인 영어'나 '커뮤니케이션을 위한 영어'에 대한 관심이 점점 더 높아지고 있습니다. 이러한 현상은 수년간 영어 수업을 받아도 만족스러운 성과를 얻지 못해 쌓인 불만의 결과라고 볼 수 있습니다.

그렇다면 한국인은 학교에서 평균적으로 어느 정도의 영어 교육을 받고 있을까요? 학교 유형에 따라 차이는 있지만, 일반적으로 중학교에서는 주 4회, 고등학교에서는 주 6회, 각각 1회당 1시간가량의 영어 수업을 받습니다. 대학에서는 교양 과목으로 2년간 주 2회, 각 90분 수업을 듣게 되며, 보통 연간 35주 동안 수업이 지속된다고 가정합니다.

이를 모두 합치면 약 1,260시간의 영어 수업을 받는 셈입니다. 그러나 주의할 점은, 이 시간이 곧 영어 사용 시간은 아니라는 것입니다. 수업 내내 영어로 듣고 말하고 읽고 쓰는 데 집중된 시간은 절반도 되지 않을 수 있습니다. 이 기준으로 보면 실제 영어 활동에 투입된 시간은 약 630시간에 지나지 않습니다.

만약 하루 수면 시간을 7시간으로 가정하고, 나머지 17시간을 모두 영어 공부에 몰입한다고 가정하면, 총 630시간은 약 37일치 학습 시간에 해당합니다. 즉, 8년 동안 영어 수업을 들었다고 해도, 실제 영어에 몰입해 생활한 시간은 한 달도 채 안 되는 셈입니다. 결국 '나는 저만큼 영어 공부를 했다'는 말은 실제로는 저만큼밖에 하지 못했다는 의미가 될 수도 있습니다.

참고로, 미국 국무부 산하 기관(FSI)의 자료에 따르면, 영어를 모국어로 하는 미국인이 한국어를 배워 일상 회화가 가능해지기까지 약 2,200시간이 걸린다고 합니다. 이를 고려하면, 우리나라의 영어 교육 환경은 언어 습득에 필요한 노출 시간 측면에서 매우 부족하다는 사실을 알 수 있습니다.

Part 7

접속사를 사용하면
영어 문장의 수준이 올라간다!

[접 속 사]

and ~와, 그리고

 and

- You and I
  너와 나

(세 개 이상일 때)
- Seoul, Busan, and Daegu
  서울, 부산 그리고 대구

(문장 연결)
- Lisa is smart, and she is cute.
  리사는 똑똑하고, 귀엽다.

I and you는 어색하게 들려요.

'너와 나'라고 말할 때는 보통 I가 뒤에 와요. 그게 말하기 더 자연스럽거든요.

세 개 이상의 단어를 나열할 땐, 마지막 단어 앞에만 and를 쓰고 앞의 단어들은 콤마로 구분해요.

이번에는 and를 써서 카레 재료 세 가지 이상을 말해 볼까요?

네? 갑자기요?

어… 그러니까…

Onions, carrots, spinach, and almonds!
양파, 당근, 시금치 그리고 아몬드!

우리집 단골 메뉴는 아몬드 카레예요~

오호~

지영 씨, 카레에 시금치와 아몬드도 넣어요?

참고로 spinach는 셀 수 없는 명사예요.

※ have bad taste in clothes: 옷에 대한 안목이나 취향이 좋지 않다
※ jerk: 바보, 멍청이

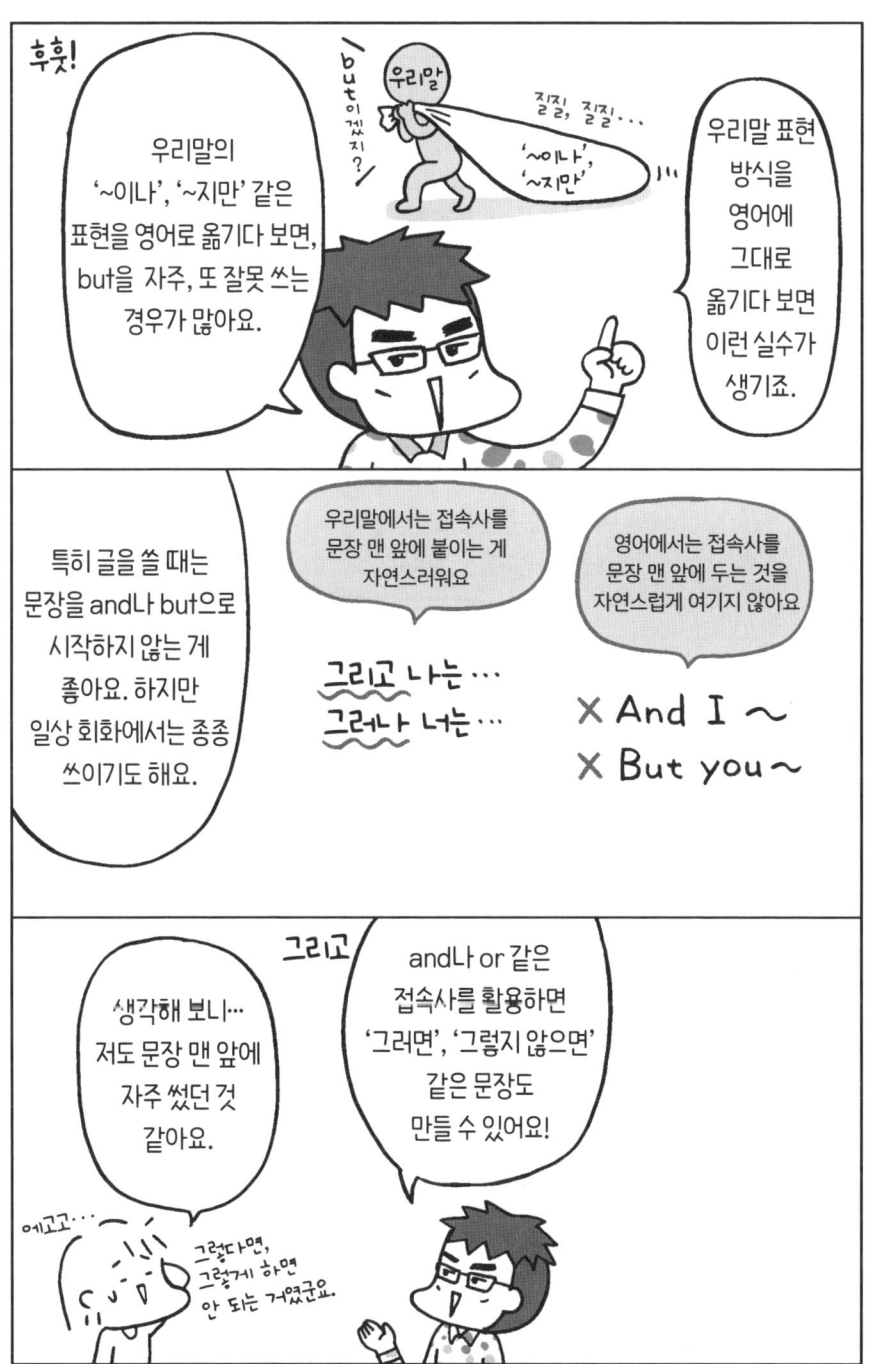

명령문, and + 주어 + 동사

~해라, 그러면 … 할 것이다

Study hard, and you will pass the exam.
열심히 공부해라, 그러면 시험에 합격할 것이다.

> and 뒤에 오는 문장은 그 명령의 결과로 일어날 일을 말해요.

명령문, or + 주어 + 동사

~해라, 그렇지 않으면 … 할 것이다

Study hard, or you will fail the exam.
열심히 공부해라, 그렇지 않으면 시험에 떨어질 것이다.

> or 뒤에는 '하지 않으면 생기는 부정적인 결과'를 경고해요.

이번에는 절과 절을 나란히 연결해 주는 접속사 두 가지를 함께 살펴볼게요.

절 연결 전문입니다~

so for

단어나 구는 so나 for로 연결할 수 없어요.

SO 결과 그래서

(SO 앞에는 원인, 뒤에는 그 결과)

She ate too much last month, so she gained weight.

그녀는 지난달에 너무 많이 먹어서 살이 쪘다.

so는 일상 회화나 글쓰기에서 자주 쓰이는 접속사예요.

for 원인 이유 ~이기 때문에

(for 앞에는 결과, 뒤에는 그 원인)

She gained weight,
for she ate too much last month.

그녀는 지난달에 너무 많이 먹었기 때문에 살이 쪘다.

접속사 for는 지금은 거의 안 쓰이지만 문어체나 고전 문장에서는 가끔 보여요.

짝을 이루는 접속사 (상관 접속사)

- both A and B
  A와 B 둘 다

- either A or B
  A와 B 둘 중 하나

- not only A but (also) B
  A뿐만 아니라 B도

- not A but B
  A가 아니라 B

더 많은 예문은 155쪽을 참고하세요!

그리고 이 not은 문장에 따라 does not, don't처럼 바뀌는 경우도 있으니 주의해서 살펴봐야 해요.

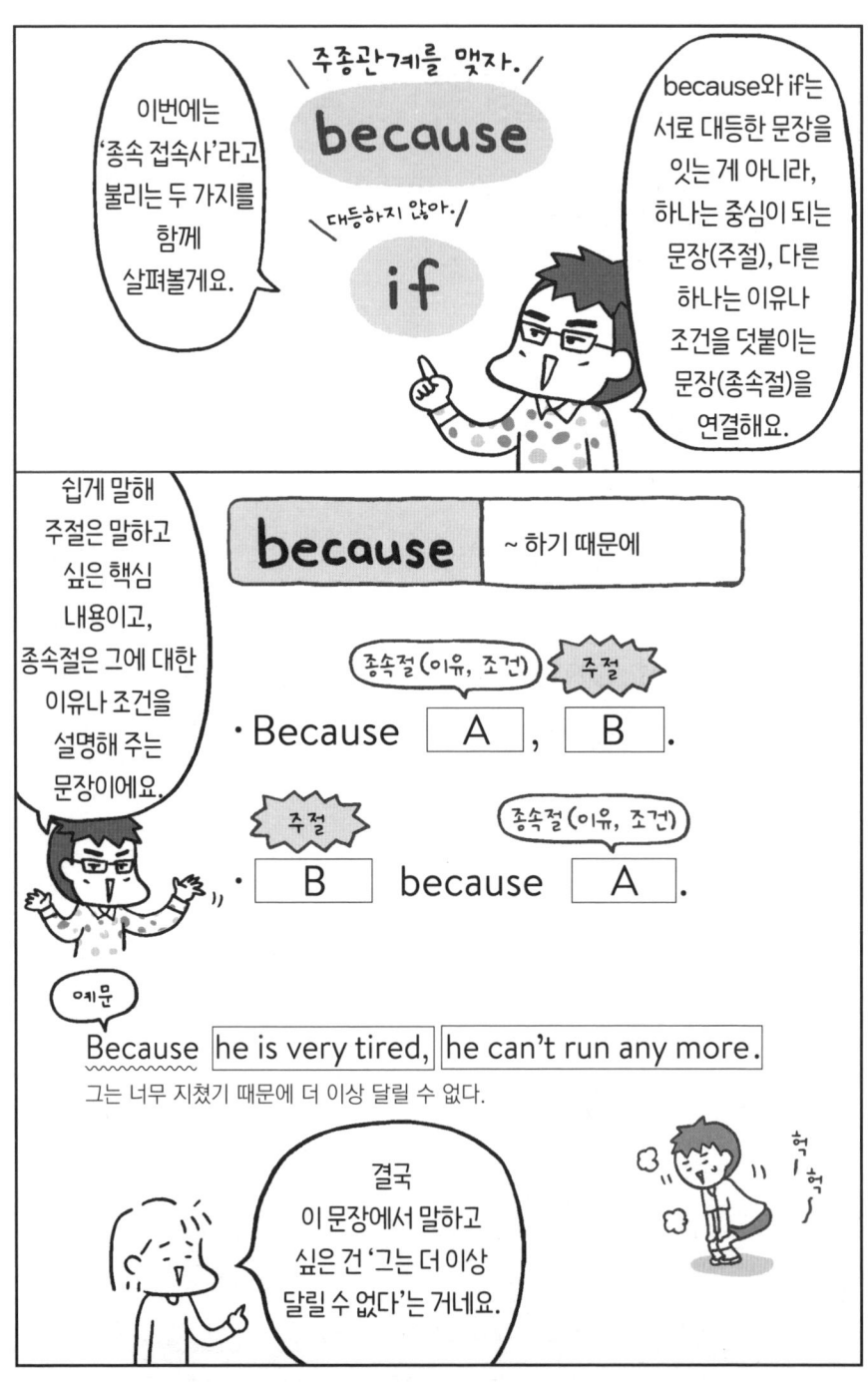

접속사 총정리 노트

접속사

접속사는 단어와 단어, 구와 구, 절과 절을 연결해 주는 말이다.
- 구: 주어와 동사 없이, 두 단어 이상이 모여 하나의 문장 성분 역할을 하는 말 덩어리
- 절: 주어와 동사를 포함하며, 문장에서 하나의 뜻을 표현하는 말 덩어리

Jenny and Minho like this movie. (명사와 명사 연결)
제니와 민호는 이 영화를 좋아한다.

We go to school by bus or by subway. (구와 구 연결-명사구)
우리는 버스를 타거나 지하철을 타고 학교에 간다.

Tom likes math, but I don't like it. (절과 절 연결)
톰은 수학을 좋아하지만 나는 그것을 좋아하지 않는다.

주요 접속사

1 등위 접속사

- 문법적 기능이 같은 문장 성분을 연결한다.
- and, but, or는 단어와 단어, 구와 구, 절과 절을 연결할 수 있다.
- so와 for는 절과 절만 연결한다.

and	~와, 그리고	비슷한 내용이나 성분을 나열할 때 쓴다.
but	그러나, 하지만	서로 반대되거나 대조되는 내용을 연결할 때 쓴다.
or	또는, 아니면	둘 이상의 선택지 중 하나를 고를 때 쓴다.
so	그래서	앞 문장의 원인으로 인해 생긴 '결과'를 말할 때 쓴다.
for	~이기 때문에	앞 문장의 이유나 원인을 설명할 때 쓴다. ※ 문어체 또는 고어적인 표현이며, 현재는 거의 사용하지 않는다.

The food was salty and spicy. 그 음식은 짜고 매웠다.
You have to go home and take a rest. 너는 집에 가서 쉬어야 한다.
The movie was long but interesting. 그 영화는 길었지만 재미있었다.

Today is a holiday, but I got up early. 오늘은 휴일이지만 나는 일찍 일어났다.
Which do you like better, chicken or pork?
너는 치킨하고 돼지고기 중에 어느 것을 더 좋아하니?
Did you go out or stay at home last night?
너는 어젯밤 외출했니 아니면 집에 있었니?
She was tired, so she went to bed early. 그녀는 피곤해서 일찍 잠자리에 들었다.
Paul didn't set an alarm, so he overslept. 폴은 알람을 맞추지 않아서 늦잠을 잤다.
We came back home, for it was getting dark.
우리는 날이 어두워지고 있어서 집으로 돌아왔다.
Mr. Thomas didn't answer the phone, for he was in a meeting.
토마스 씨는 회의 중이었기 때문에 전화를 받지 않았다.

2 종속 접속사
- 문장과 문장을 연결하며, 하나의 문장(종속절)이 다른 문장(주절)에 문법적으로 종속되는 관계를 형성한다.
- 종속절은 주절 앞이나 뒤에 올 수 있다. 종속절이 문장 앞에 올 경우, 두 문장 사이에 콤마(,)를 쓴다.

because	~이기 때문에	문장과 문장을 연결하여 이유를 설명한다.
if	만약 ~한다면	문장과 문장을 연결하여 조건을 나타낸다.

Because it is Sunday, banks don't open. 일요일이기 때문에 은행은 열지 않는다.
They're laughing because the movie is funny. 영화가 웃겨서 그들은 웃고 있다.
If it's too hot, we'll stay home. = We'll stay home if it's too hot.
만약 날씨가 너무 덥다면, 우리는 집에 있을 것이다.
If you have any questions, please raise your hand.
만약 질문이 있으면 손을 들어 주세요.

3 and, or, but의 주의할 쓰임
명령문, and(or) ~
명령문 뒤에 and나 or가 이끄는 문장이 오면 각각 다른 의미를 나타낸다.
- 명령문, and + 주어 + 동사 ~. : ~해라, 그러면 …할 것이다
  Make a wish, and it will come rue. 소원을 빌어라, 그러면 그것이 이루어질 것이다.

Follow me, and I'll show you the way. 나를 따라와, 그러면 길을 알려줄게.

- 명령문, or+주어+동사 ~. : ~해라, 그렇지 않으면 …할 것이다

Leave now, or you will miss the bus.
지금 떠나라, 그렇지 않으면 너는 버스를 놓칠 것이다.

Put on a coat, or you'll catch a cold.
외투를 입어라, 그렇지 않으면 너는 감기에 걸릴 것이다.

짝을 이루는 and, but, or
- both A and B : A와 B 둘 다

Exercise is good for both body and mind. 운동은 몸과 마음 둘 다에 좋다.

Both he and his father are doctors. 그와 그의 아버지 둘 다 의사이다.

TIPS both A and B가 주어일 때는 항상 복수동사를 쓴다.

- either A or B : A와 B 둘 중 하나

Please answer with either "Yes" or "No."
'네'와 '아니오' 둘 중 하나로 대답해 주세요.

Either Tim or Evan knows that. 팀이나 에반 둘 중 한 사람이 그것을 알고 있다.

- not only A but (also) B : A뿐만 아니라 B도

It was not only hot but (also) humid. 날씨가 더울 뿐만 아니라 습했다.

Not only the students, but also the teacher is excited.
학생들뿐만 아니라 선생님도 신이 나 있다.

TIPS 짝을 이룬 표현이 주어일 때, 문장의 동사는 주로 동사와 가까운 B의 인칭과 수에 일치시킨다.

- not A but B : A가 아니라 B인

He is not my brother but my cousin. 그는 내 남동생이 아니라 사촌이다.

We went not by taxi but by bus. 우리는 택시가 아니라 버스를 타고 갔다.

TIPS 짝을 이룬 표현이 주어일 때, 문장의 동사는 주로 동사와 가까운 B의 인칭과 수에 일치시킨다.

Part
8

이미지를 파악하면
전치사는 틀리지 않는다!

[전 치 사]

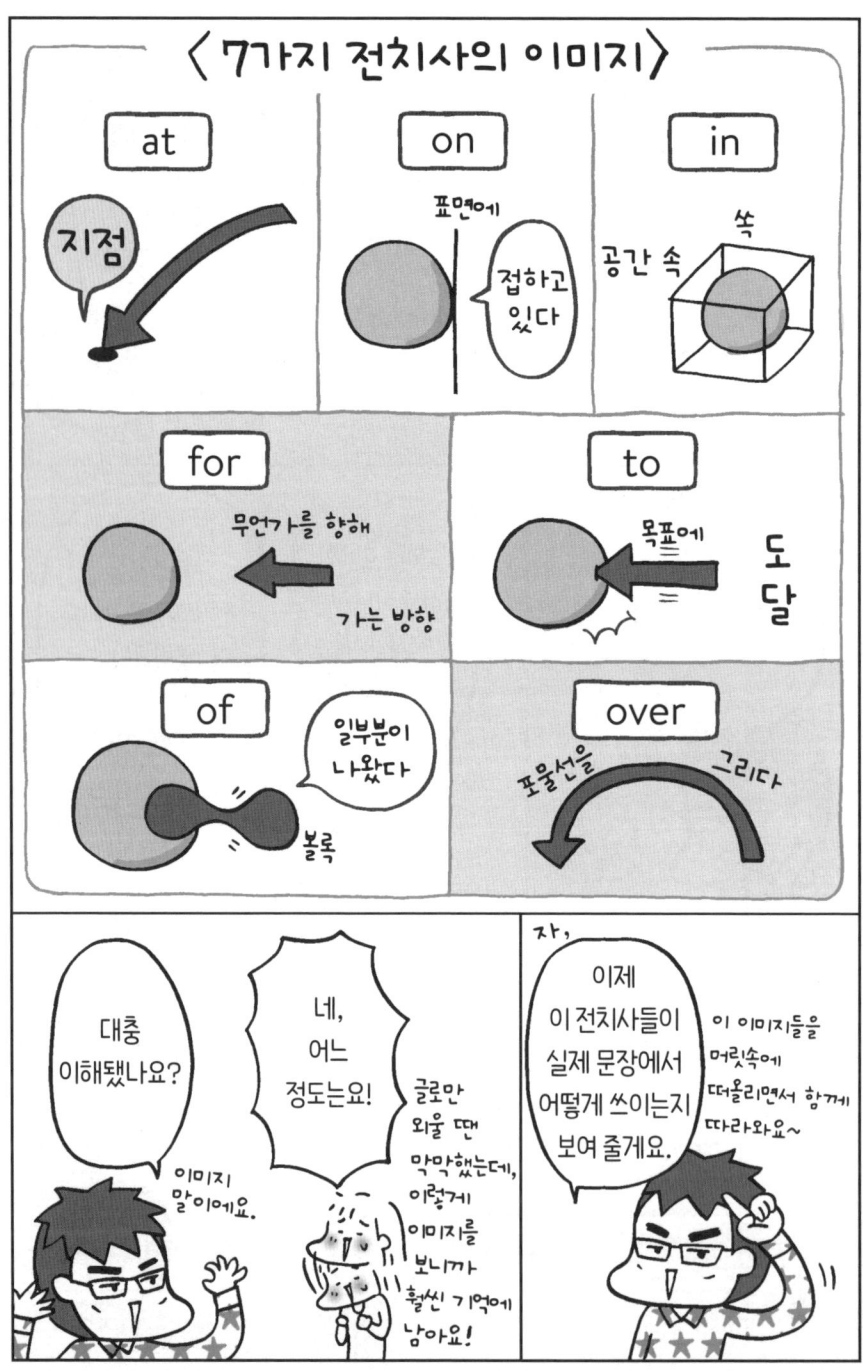

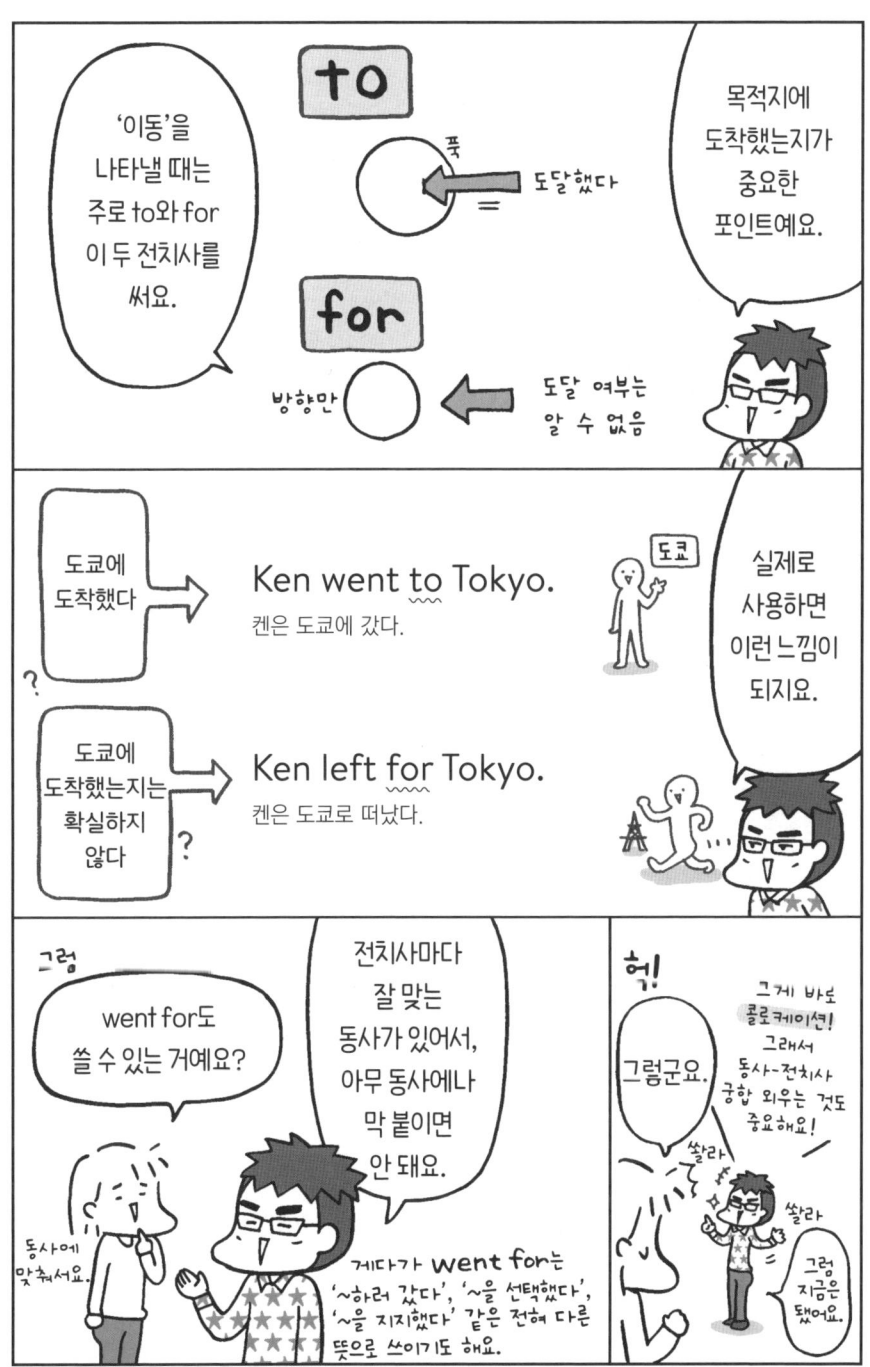

전치사 총정리 노트

전치사

말하는 사람이 머릿속에 떠올린 이미지를 더 구체적으로 전달하기 위해, 명사 앞에 붙여 사용하는 말이다.

전치사 이미지 (1)

- at……'어느 한 점'으로 향하는 이미지
  I met him at 9 o'clock. 나는 9시에 그를 만났다.
  Olivia is working at her office. 올리비아는 그녀의 사무실에서 일하고 있다.
  Look at the flowers! 저 꽃 좀 봐!

- on……'접하고 있는' 이미지
  A butterfly is on your head. 나비가 네 머리 위에 있다.
  Her photo is on the wall. 그녀의 사진은 벽에 붙어 있다.
  I take an economics course on Monday.
  나는 월요일에 경제학 수업을 듣는다.
  My father likes watching baseball games on TV.
  아버지는 TV에서 야구 경기 보는 것을 좋아하신다.

- in……'공간 속'의 이미지
  I was born in April. 나는 4월에 태어났다.
  Lucas lives in Chicago. 루카스는 시카고에 살고 있다.
  There is a fly in the room. 방 안에 파리가 있다.

- for……'방향을 가리키는' 이미지. 목적지에 도달했는지는 알 수 없다.
  Rick left for Berlin this morning. 릭은 오늘 아침 베를린으로 떠났다.
  I'm waiting for Mike. 나는 마이크를 기다리고 있다.
  Here is a present for you. 여기 너를 위한 선물이 있다.

- to······'목표를 향해 도달하는' 이미지

  Yuji went to Berlin. 유지는 베를린에 갔다.

  Deliver the message to the team. 그 메시지를 팀에게 전달해 주세요.

  My sister took me to the hospital. 나의 언니가 나를 병원으로 데려갔다.

- of······'전체 중 일부분이 나온' 이미지

  Two cups of coffee, please. 커피 두 잔 주세요.

  She is proud of her beauty. 그녀는 자기 외모에 자부심이 있다.

  I'm a member of the futsal team. 나는 풋살팀 소속이다.

- over······'포물선을 그리는' 이미지

  Look over there! 저기 좀 봐!

  Let's discuss the matter over dinner.
  저녁식사를 하면서 그 문제에 대해 의논하자.

  There is a bridge over the river. 강 위에 다리가 하나 있다.

전치사 이미지 (2)

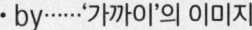

- from······'출발점' 이미지

  I'm from Canada.
  나는 캐나다 출신이다.

  Chocolate is made from cocoa beans.
  초콜릿은 코코아 열매에서 만들어진다.

  The festival will run from May 1st to May 7th. 축제는 5월 1일부터 7일까지 열린다.

- by······'가까이'의 이미지

  The copier is by the window.
  복사기는 창문 옆에 있다.

  He parked his car by the house. 그는 집 옆에 주차했다.

  The dog is sleeping by my feet. 그 개는 내 발 옆에서 자고 있다.

- through······'빠져나가는' 이미지
  We heard the news through our friend.
  우리는 친구를 통해 그 소식을 들었다.
  The train passed through a tunnel.
  기차는 터널을 통과해서 지나갔다.
  I slept all through the day. 나는 하루종일 잤다.

- across······'가로지르는' 이미지
  We walked across the field. 우리는 들판을 가로질러 걸었다.
  I plan to travel across Europe.
  나는 유럽 전역을 여행할 계획이다.
  There's a large crack across the wall. 벽을 가로지르는 큰 금이

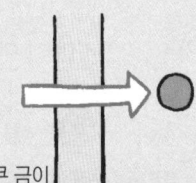

- around······'둘레를 빙 도는' 이미지
  He always travels around the world on business.
  그는 항상 사업 차 전 세계를 돌아다닌다.
  There is a post office around the corner.
  모퉁이를 돌면 우체국이 있다.
  They are sitting around the table. 그들은 테이블 주위에 앉아 있다.

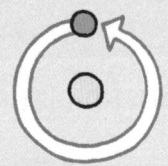

- about······'주변'의 이미지. 사물의 주변이나 관련 사항을 가리킨다.
  What do you know about Mexico?
  너는 멕시코에 대해 무엇을 알고 있니?
  TIPS '멕시코의 주제와 관련된 내용 전반'을 묻는 표현
  I was about to leave the house.
  나는 막 집을 나가려던 참이었다.
  TIPS be about to ~ 로, '막 ~하려던 참이다'라는 뜻의 숙어. 이때 about은 시간적 의미에서 '어떤 동작에 아주 가까운 상태(주변)'를 의미한다.
  There are trees about the house. 집 주변에 나무들이 있다.

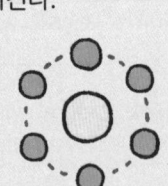

- off······'멀어지는' 이미지

    Let's get off the train at the next station.
    다음 역에서 기차에서 내리자.

    A button just came off my shirt.
    방금 셔츠에서 단추가 떨어졌다.

    She's taking the day off tomorrow.   그녀는 내일 하루 휴가낼 것이다.

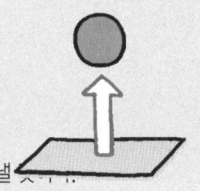

- into······'공간 속으로 들어가는' 이미지

    Suddenly my father came into my room.
    갑자기 아버지가 내 방에 들어오셨다.

    She got into trouble.   그녀는 곤란한 상황에 처했다.

    I'm really getting into jazz lately.   나는 요즘 재즈에 푹 빠졌다.

- with······'함께'의 이미지

    I'm living with my brother.   나는 내 동생과 함께 살고 있다.

    The meal comes with fries and a drink.
    그 식사에는 감자튀김과 음료가 함께 나온다.

    He opened the box with a key.   그는 열쇠로 그 상자를 열었다.

Part
9

'문장 형식'은 영어의 설계도

[품 사 · 문 장 형 식]

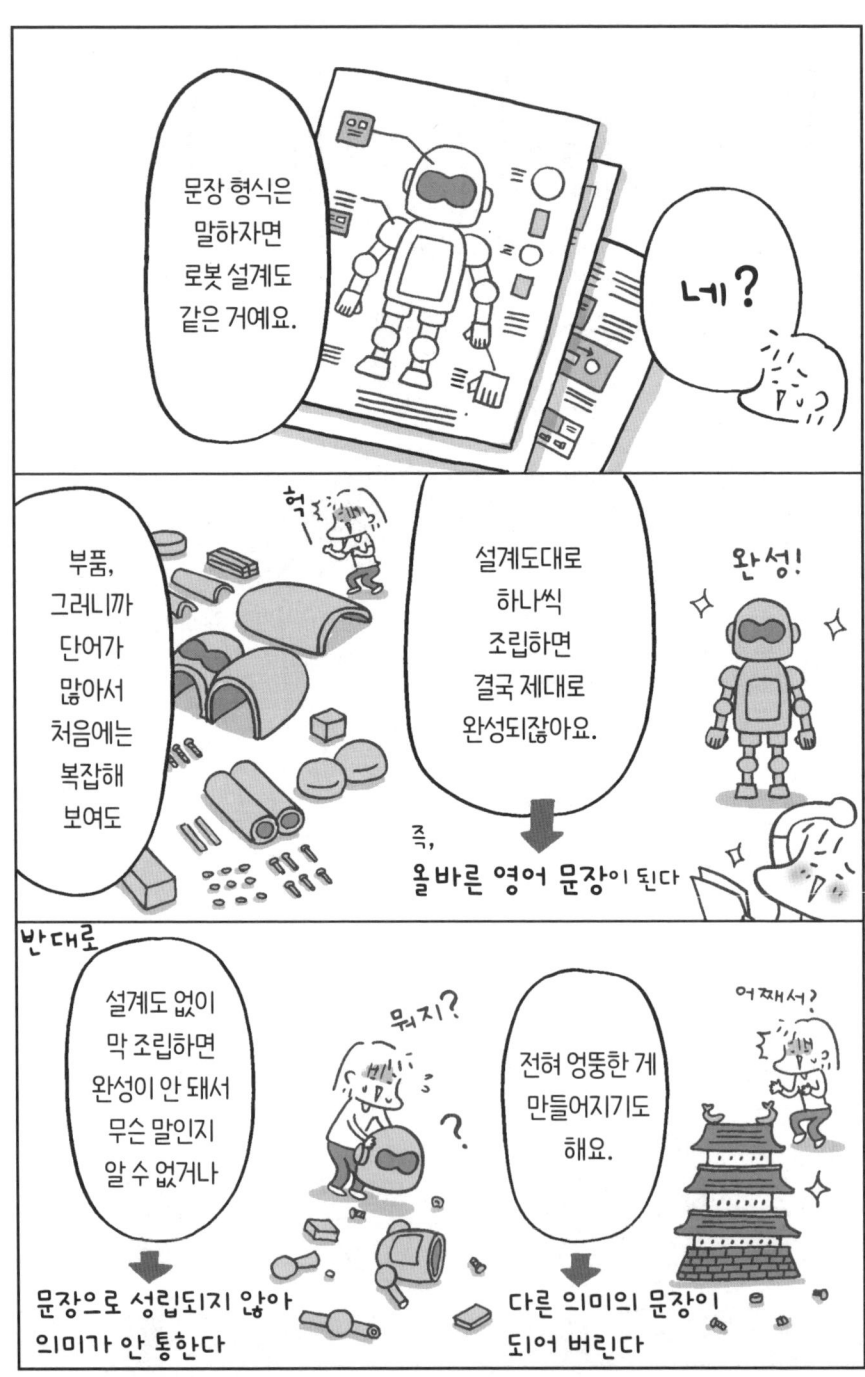

❷ 대명사

이름 대신 쓰는 말

I 나 you 당신 he 그
this 이(것) it 그것

사람/사물을 대신하여 나타내는 말을 '인칭대명사'라고 해요

❸ 동사

사람 및 사물의 움직임이나 상태를 나타내는 말

일반동사
make 만들다 sleep 자다

be동사
am are is

❹ 조동사

(1) 말하는 사람의 의지, 추측, 가능성, 판단 등을 나타내는 말

(2) 문장 구조를 도와 주는 역할

(1) can will may
    must shall
    should would
(2) be do have

[품사·문장 형식] 185

❺ 형용사

명사를 수식하는 말

red 빨간   beautiful 아름다운
happy 행복한   old 오래된
important 중요한

영어는 뭔가를 자세히 설명하는 걸 좋아하는 언어예요.

예를 들어, car라는 단어가 있다고 해볼게요.

여기에 형용사를 붙이면, 그 자동차가 어떤 차인지 더 구체적으로 설명할 수 있어요.

- 오래된 차   **old** car
  형용사

- 독일제 자동차   a car **made in Germany**
  형용사구
  (두 단어 이상이 모여서 하나의 형용사처럼 쓰이는 표현)

- 이번 여름에 내가 산 차   a car **I bought this summer**
  형용사절
  (주어와 동사를 포함한 덩어리가 형용사 역할을 하는 표현)

참고로 관사(a, an, the)나 분사는 원래 다른 품사지만, 형용사처럼 명사를 수식할 수도 있어요.

a car (1대)
명사의 상태나 모습을 설명해 주기 때문에

※ 분사: 동사가 변형되어 형용사처럼 쓰이는 형태이다. 동사원형에 -ing를 붙여 만든 것을 현재분사, 동사원형에 -ed 또는 불규칙 형태로 만든 것을 과거분사라고 한다.

❼ 전치사

명사나 대명사 앞에 위치하여, 위치, 시간, 방향, 상태 등의 관계를 나타내는 말

at on in for
to of over

A cup is on the table.

❽ 접속사

두 개 이상의 단어, 구, 절을 연결해 주는 말

and 그리고   but 그러나
that ~라는 것
because 왜냐하면

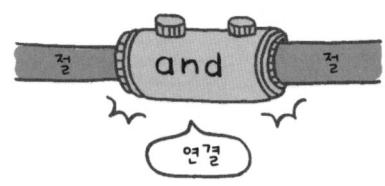

❾ 관사

- 명사 앞에서 그 명사가 가리키는 대상을 특정하거나 불특정할 때 쓰는 말
- a/an과 the의 두 종류가 있음

a(an) … 여러 개 중에 하나, 처음 말할 때

the … 이미 알고 있는 것, 둘 다 아는 대상

자동사

'~을/를'(목적어)이 필요하지 않은 동사 (sleep, swim 등)

타동사

'~을/를'(목적어)을 필요로 하는 동사

동사가 자동사인지 타동사인지는 정해져 있는 거예요?

꼭 정해진 건 아니에요. 같은 동사라도 문맥에 따라 자동사나 타동사로 모두 쓰일 수 있어요.

O object
- 명사
- 대명사

목적어
동사의 동작의 대상이 되는 말

I bought a book.
　　　　　목적어

나는 책을 한 권 샀다.

C complement
- 형용사
- 명사
- 대명사

보어
주어나 목적어의 상태를 나타내며, 주어나 목적어와 이퀄의 의미를 갖음

이퀄(=)

· She is beautiful.
　　주어　　보어

그녀는 아름답다.

이퀄(=)

· I found the book easy.
　　　　　목적어　　보어

나는 그 책이 쉽다고 생각했다.

[품사·문장 형식]

※ 조동사는 혼자 쓰이기보다는 보통 동사와 함께 쓰여 V(동사) 역할을 한다. 예) We will walk to the park.

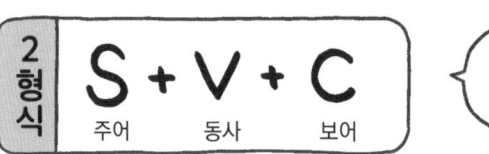

S는 C이다
S는 C인 상태이다

- She is a singer. 그녀는 가수다.
  S V   C

- She became a singer. 그녀는 가수가 되었다.
  S   V   C

2형식에서 가장 중요한 건 이 관계예요.

이퀄
S = C
주어   보어

She = a singer
라는 거죠.

보어는 주어나 목적어의 상태를 나타낸다.

즉, '이퀄'의 개념이라고 볼 수 있군요.

힐끗

맞아요. 잘 기억하고 있었네요!

메모

2형식 문장에서 자주 쓰이는 동사는 다음과 같아요.

am · are · is
등의 be동사

become (~이 되다)
look (~처럼 보이다)
keep (~인 상태로 있다)
sound (~처럼 들리다)
등 이퀄 관계를 만들어 주는 동사

이런 동사들은 전부 S=C라는 관계를 만들어 주는 역할을 해요.

품사 · 문장 형식 총정리 노트

품사

단어는 문장을 구성하는 최소 단위이다.
단어를 의미와 문법적 기능에 따라 분류한 것을 품사라고 하며, 보통 8가지 품사가 있다.

명사	사람, 사물, 장소 등의 이름을 나타내는 말 … Nicole, boy, student, pencil, dog, rose, Korea 등
대명사	명사를 대신하는 말. 앞에 나온 명사를 대신하여 사용하는 말 … I, mine, you, yours, his, hers, they, them, it, this, that 등
동사	사람 및 사물의 동작이나 상태를 나타내는 말 … make, sleep, speak, think, be, become 등
형용사	명사를 수식하는 말 … red, beautiful, happy, old, important, famous, difficult 등
부사	동사, 형용사, 다른 부사, 문장 전체를 수식하는 말 … slowly, happily, now, here, never, yesterday 등
전치사	명사나 대명사 앞에 위치하여, 위치, 시간, 방향, 상태 등의 관계를 나타내는 말 … at, on, in, for, to, of, over, into, with, by, without 등
접속사	두 개 이상의 단어, 구, 절을 연결해 주는 말 … and, but, or, so, for, that, because, if, since 등
감탄사	문장에서 독립적으로 사용되어 감정, 놀람, 인사 등을 나타내는 말 … wow, oh, oops, yeah, Hello, Bye, Yes, No, Okay 등

문장 성분

- 단어를 의미나 문법적 기능에 따라 분류한 것이 품사라면, 그 단어가 문장 속에서 어떤 역할을 하는지를 기준으로 분류한 것이 문장 성분이다.
- 문장 성분에는 주어, 동사, 목적어, 보어, 수식어가 있다. 이 중 주어와 동사는 모든 문장의 필수 성분이고, 동사의 종류에 따라 목적어나 보어가 함께 필요할 수도 있다. 수식어는 다른 문장 성분을 수식하는 보조 성분이다.

주어(S)	문장에서 누가, 무엇이 행동하는지를 나타내는 성분. 주로 명사나 대명사가 쓰인다.
동사(V)	주어의 동작이나 상태를 나타내며, 자동사 또는 타동사가 쓰인다. 자동사: 목적어 없이도 뜻이 완전한 동사 타동사: 목적어가 있어야 의미가 완전한 동사
목적어(O)	동사의 동작이 미치는 대상. 주로 명사나 대명사가 쓰인다.
보어(C)	주어나 목적어의 의미를 보충 설명하는 성분. S+V+C(주격 보어) 또는 S+V+O+C(목적격 보어) 구조를 이룬다. 주로 형용사, 명사, 대명사가 보어 역할을 한다.
수식어(M)	주어, 동사, 목적어, 보어를 꾸며 주는 부가적 성분. 주로 부사구나 부사절이 쓰인다.

자동사와 타동사의 문장

[자동사] I walk in the park every morning.
          S V   M

나는 매일 아침 공원에서 산책한다.

[타동사] I walk my dog in the park every morning.
          S V   O   M

나는 매일 아침 공원에서 개를 산책시킨다.

[자동사] I grew up in a suburb of Seoul.
          S V   M

나는 서울 교외에서 자랐다.

[타동사] Eri grows basil on the balcony.
          S   V   O   M

에리는 바질을 발코니에서 키운다.

1형식 문장: 주어(S) + 동사(V)

주어(S)와 동사(V)만으로 의미가 완전한 문장이다.
'주어(S)가 동사(V)하다'라고 해석한다.
'누가', '무엇을 하는지'가 전달하는 내용의 핵심이다.

They walked. 그들은 걸었다.
 S   V

The sun shines. 태양은 빛난다.
  S   V

1형식 문장에는 뜻을 더 풍부하게 하려고 부사나 부사구가 함께 쓰이는 경우가 많다.
부사구는 시간, 장소, 방법 등을 나타내며, 문장의 의미를 더 구체적이고 자세하게 설명해 준다.

My grandmother gets up early every day. 나의 할머니는 매일 일찍 일어나신다.
     S   V   M   M

The sun rises in the east. 태양은 동쪽에서 뜬다.
 S   V   M

TIPS 영어에서 S와 V만으로 이루어진 영어 문장은 드물며, 실제로는 다양한 M(수식어)이 함께 붙어 하나의 문장이 되는 경우가 많다.

주요 1형식 동사

go	가다	come	오다
arrive	도착하다	leave	떠나다
sleep	자다	cry	울다
run	달리다	rise	오르다, 뜨다
fall	떨어지다, 넘어지다	happen	일어나다
exist	존재하다	live	살다
stay	머무르다	walk	걷다, 산책하다

2형식 문장: 주어(S) + 동사(V) + 보어(C)

주어(S)와 동사(V) 외에, 주어를 보충 설명해 주는 보어(C)가 필요한 문장이다.
'주어(S)는 보어(C)이다' 또는 '주어(S)는 보어(C)한 상태이다'라고 해석한다.
보어 자리에는 명사나 형용사 역할을 하는 말이 온다.

That man is my father. 저 사람이 나의 아버지이다.
    S   V   C

She looks very young. 그녀는 매우 어려 보인다.
 S   V   C

TIPS 2형식은 S=C가 된다. 위의 예문으로 말하자면 That man = my father, She = very young이다.

주요 2형식 동사

be	~이다	remain	계속 ~이다	stay	~인 상태로 있다
keep	~인 채로 있다	become	~이 되다	get	~한 상태가 되다
go	~한 상태가 되다	come	~이 되다	fall	~한 상태에 빠지다
grow	~해지다	turn	~로 변하다	look	~처럼 보이다
smell	~한 냄새가 나다	feel	~한 느낌이 나다	taste	~한 맛이 나다
seem	~처럼 보이다	appear	~처럼 보이다	sound	~하게 들리다

I got nervous. 나는 긴장하게 됐다.
The flower smells nice. 꽃에서 좋은 향기가 난다.
The sky turned dark. 하늘이 어두워졌다.
She sounded upset. 그녀가 속상해 하는 것처럼 들렸다.
My hands got dirty. 내 손이 더러워졌다.
He stayed awake all night. 그는 밤새 깨어 있었다.

3형식 문장: 주어(S) + 동사(V) + 목적어(O)

주어(S)와 동사(V) 뒤에 동작의 대상인 목적어가 와야 의미가 완전해지는 문장이다.
'주어(S)는 목적어(O)를 동사(V)하다'라고 해석한다.

Ken makes his lunch by himself.　켄은 점심을 직접 만든다.
 S   V   O   M

She is looking for her glasses.　그녀는 자신의 안경을 찾고 있다.
 S   V   O

TIPS 3형식 문장에서 동사는 목적어(~을/를)를 꼭 필요로 하기 때문에 타동사로 쓰인다. 자동사라도 전치사와 함께 구동사(숙어)처럼 쓰이면, 전체가 타동사처럼 목적어를 가질 수 있다.

3형식 동사 중에는 우리말 표현과 완전히 일치하지 않는 동사들이 있다. 예를 들어 discuss, enter 같은 동사 뒤에는 전치사 없이 바로 목적어를 써야 한다. 우리말에서는 '~에 대해 이야기하다', '~에 들어가다'처럼 전치사가 쓰이기 때문에 습관적으로 for나 into 같은 전치사를 붙이지 않도록 주의해야 한다.

discuss about the issue (x)　　**discuss the issue (O)**
enter into the room (x)　　　　**enter the room (O)**

불필요한 전치사를 붙이지 않도록 주의해야 할 동사

discuss	~에 대해 의논하다	reach	~에 도달하다
marry	~와 결혼하다	enter	~에 들어가다
approach	~에 다가가다	access	~에 접근하다
contact	~와 연락하다	attend	~에 참석하다
answer	~에 답하다	call	~에게 전화하다
join	~에 가입하다	resemble	~와 닮다

Mr. Brown married my sister.　브라운 씨는 내 여동생과 결혼했다.
I finally reached my destination.　나는 마침내 목적지에 도착했다.
We joined the club last week.　우리는 지난주에 그 동아리에 가입했다.
Olivia answered the question correctly.　올리비아는 그 질문에 정확하게 대답했다.

4형식 문장: 주어(S) + 동사(V) + 간접목적어(O₁) + 직접목적어(O₂)

동사 뒤에 목적어가 두 개 나오는 문장으로, 보통 '~에게 …을 하다'라고 해석한다.
이는 3형식 문장(S+V+O) 구조에서, 동사와 목적어 사이에 동작의 대상을 나타내는 간접목적어가 추가된 형태이다. 이처럼 목적어가 두 개 있을 때는, 각각을 간접목적어(O₁)와 직접목적어(O₂)라고 구분한다.

I sent her an e-mail yesterday.   나는 어제 그녀에게 이메일을 보냈다.
S V   O₁   O₂   M

Yuka showed Alice her son's photo.   유카는 앨리스에게 아들 사진을 보여 주었다.
 S   V   O₁   O₂

My mother bought me the book.   나의 엄마는 내게 그 책을 사 주셨다.
   S   V   O₁   O₂

주요 4형식 동사

동사 give는 '무엇을' 줬는지뿐만 아니라 '누구에게' 줬는지도 함께 나타낼 수 있다. 이렇게 전달 개념을 포함하는 동사를 수여동사라고 한다. 수여동사는 '다른 사람에게 무언가를 주거나 건네는 동사'로, 4형식 문장을 만드는 대표적인 동사이다.

give	주다	send	보내 주다
pass	건네 주다	lend	빌려 주다
tell	말해 주다	show	보여 주다
deliver	배달하다	throw	던지다
offer	제공하다	teach	가르쳐 주다

4형식 문장은 3형식 문장으로 바꿔 쓸 수 있다. 이때, 간접목적어 앞에 전치사(to 또는 for)를 붙이고, 이를 직접목적어 뒤로 옮기면 전치사구를 포함한 3형식 문장이 된다.

I sent an e-mail to her yesterday.
S V   O   M   M

Yuka showed her son's photo to Alice.
 S   V   O   M

My mother bought the book for me.
   S   V   O   M

동사에 따라 어울리는 전치사가 다르므로 유의한다.

to	give, send, tell, teach, show, lend, pass, offer
for	make, buy, cook, get, find
of	ask, demand, require

He made a sandwich for me. (→ He made me a sandwich.)
그는 나를 위해 샌드위치를 만들었다. (그는 내게 샌드위치를 만들어 주었다.)
They asked a favor of me. (→ They asked me a favor.)
그들은 내게 도움을 요청했다.

5형식 문장: 주어(S) + 동사(V) + 목적어(O) + 보어(C)

동사 뒤에 목적어와 그 목적어를 보충 설명하는 말(목적격보어)이 필요한 문장이다.
2형식 문장에서처럼 보어 자리에는 명사 또는 형용사 역할을 하는 어구가 올 수 있다.

주요 5형식 동사

make	만들다	call	부르다
name	이름을 지어 주다	consider	여기다
find	발견하다, 알아채다	leave	떠나다, 남기다

Linda and Robin named their baby George.
　　　　S　　　　　 V　　　　O　　　　C
린다와 로빈은 그들의 아기에게 조지라고 이름을 지어 주었다.
She always makes me happy. 그녀는 항상 나를 행복하게 해 준다.
 S   M   V   O   C
I painted the door white. 나는 그 문을 하얗게 칠했다.
S   V   O   C

TIPS 5형식은 O=C가 된다. 위의 예문으로 말하면 their baby=George, me=happy, the door=white이다.

학습 의욕을 샘솟게 하는 영어 명언

사람의 마음을 울리는 표현은 언제나 가슴속에 오래도록 남습니다. 자신만의 좌우명을 갖고 있다면, 상대의 마음을 움직이는 데에도 큰 힘이 될 수 있습니다. 그래서 여기에서는 학습과 관련된 함축적인 의미를 담은 명언 몇 가지를 소개하고자 합니다.

- It's never too late to learn. 배우는 데 너무 늦은 때란 없다.
- Saying is one thing and doing is another. 말과 행동은 별개다.
- The more we do, the more we can do.
  하면 할수록 더 많이 할 수 있다.
- Never put off till tomorrow what you can do today.
  오늘 할 수 있는 일은 내일로 미루지 마라.
- A man who knows two languages is worth two men.
  두 언어를 아는 사람은 두 사람의 가치가 있다.
- Learning is a treasure that will follow its owner everywhere.
  배움은 어디든지 주인을 따라가는 보물이다.

마지막으로, 제가 가장 좋아하는 문구 하나를 소개합니다.

The time you spent, 당신이 들인 시간,
the sweat you worked up, 당신이 흘린 땀,
and the tears you shed 그리고 당신이 흘린 눈물은
will never ever lie. 결코 당신을 배신하지 않을 것입니다.
They'll surely pay off in the long run.
결국에는 반드시 보상받게 될 거예요.

에필로그

후기

이 책은 '그냥 지나치지 말고 좀 더 자세히 가르쳐 줬으면 좋았을 텐데…', '거기서 걸려 넘어진 바람에 잘 모르겠잖아'와 같은 기본적인 포인트를 다루며, 만화를 통해 영어를 설명한 책입니다.

이해하기 쉽고 유익한 책을 목표로, 어려운 문법 용어나 학술 용어는 최대한 배제하고 설명에 집중했습니다. 또한, 영어를 모국어로 사용하는 사람들의 감각과 의식을 최대한 반영하려고 노력했습니다. 읽으면서 '그렇구나!', '그랬던 거야!'라는 감탄을 몇 번이고 마음속으로 외치게 되리라 생각합니다.

공저자인 후쿠치 마미 씨와 출판사 편집부 직원들과의 한 달에 한 번 회의에서는 깊이 있는 논의가 이루어졌으며, 저 또한 영어 학습자로서의 다양한 시각을 배울 기회를 얻을 수 있었습니다. 또한, 동료 대학 교수이신 마이스코우 교수님(캐나다), 언더우드 교수님(영국), 블랙 교수님(미국)께서는 제 반복되는 골치 아픈 질문에도 친절하고 끈기 있게 답해 주셨습니다. 이 자리를 빌려 모든 관계자 여러분께 깊이 감사드립니다.

이 책이 독자 여러분의 영어 울렁증을 해소하는 데 도움이 되고, 나아가 영어를 제대로 다시 배우는 계기가 되기를 바랍니다.

 2025년 7월　다카하시 모토하루

후기

"안 돼요. 영어 책이라니…… 절대, 절~대 못 해요! 그건 제게 불가능해요!"
영어를 다시 배우는 책을 만들어 보자는 제안을 받았을 때, 저는 주저 없이 이렇게 대답했습니다.

이 책의 시작 부분에서도 그랬지만, 사실 저는 심각한 영어 알레르기 체질이었습니다. 다시는 영어를 배울 일이 없을 거라고 생각했기 때문이죠. 그래서 '다시 배우기'라는 말을 들었을 때, 솔직히 말해 눈앞이 캄캄해졌습니다.
그런데 "잘 못하니까 오히려 더 좋아요."라는 말에 설득당한 지 1년하고도 몇 개월이 지난 지금 이렇게 한 권의 책을 완성하게 되니, '절대'란 없다는 사실을 새삼 실감하게 됩니다.

제가 영어에 대해 유일하게 알고 있던 것은 '뭔지 모르겠다'는 사실뿐이었습니다. 그런 저에게 그 이유를 하나하나 친절히 설명해 주신 분이 다카하시 모토하루 교수님이셨어요. 심지어 교수님은 "그 질문은 참 흥미롭군요!"라고 말씀하시며 소년처럼 눈을 반짝이시기도 하셨지요. 덕분에 저는 지금까지 묻지 못했던 질문들도 스스럼없이 할 수 있게 되었습니다.

교수님의 설명을 들으며 떠오른 것은, 우리말과 영어가 지닌 '감각의 차이'였습니다. 제가 영어를 '모른다'고 느꼈던 근본적인 이유가 바로 그 감각 차이에 있다는 사실을 깨달은 것이죠. 동시에 영어를 배운다는 것은 단지 언어를 익히는 것이 아니라, 영어를 쓰는 사람들의 감각을 배우는 일이라는 점에서 큰 충격을 받았습니다. 처음부터 이런 방식으로 배웠다면 얼마나 좋았을까 하는 생각도 들었습니다.

영어를 접한지 25년. 시간이 오래 걸렸지만, 이 감각의 차이를 깨달은 것은 제게 큰 전환점이었습니다.
그동안 영어에 거부 반응을 보여 왔던 제가 "영어는 재미있어!"라고 말하게 될 줄은 꿈에도 몰랐거든요.
다카하시 교수님, 진심으로 감사드립니다.

그리고 편집부 담당자께도 깊은 감사를 전합니다. 탁월한 균형 감각과 뛰어난 편집 실력으로 이 책의 기틀을 마련해 주셨고, 굳은 심지와 훌륭한 인품으로 만화 작업을 끝까지 응원해 주셨습니다.
이 책이 완성될 수 있었던 건 무엇보다도 함께 애써 주신 덕분입니다.
처음에 책 제작을 제안해 주시지 않았다면, 저는 지금도 영어 알레르기를 안고 살아가고 있었을지도 모릅니다. 진심으로 감사드립니다.

마지막으로, 이 책을 선택해 주신 독자 여러분께 깊이 감사드립니다. 저처럼 영어로 인해 어려움을 겪으셨던 분들이 이 책을 읽고, 다시 한번 배우고자 하는 의지를 다지게 되신다면, 저에겐 그보다 더 큰 기쁨이 없을 것입니다.

 2025년 7월 후쿠치 마미

참고 문헌

- Leech, G. and Svartvik, J. (1994) A Communicative Grammar of English 2nded. London: Longman.
- Quirk et al. (1985) A Comprehensive Grammar of the English Language. London: Longman.

옮긴이 김의정

한국외국어대학교 서울캠퍼스에서 일본어와 영어를 이중 전공으로 공부했다. 약 10년간 대교, 천재교육 등 교육 출판사에서 영어 교과서 및 영어 교재를 개발하고, 편집했으며, 영어 교육용 디지털 콘텐츠도 개발했다. 현재는 프리랜서 번역가이자 출판 편집자로 활동 중이다. 업무상 참고용으로 영어 교육 관련 일본어 도서를 번역했으며, 일본 도서전 현장 출장 및 통역 등 다양한 실무 경험도 보유하고 있다. 영어 교육과 일본어에 관한 지식 및 관련 경험을 바탕으로 해당 도서를 번역하고 편집하게 되었다.

만화로 술술 읽으며 다시 배우는
중학 영문법 입문편

초판 1쇄 인쇄 2025년 7월 1일
초판 1쇄 발행 2025년 7월 25일

지은이	다카하시 모토하루
만화	후쿠치 마미
옮긴이	김의정
마케팅	㈜더북앤컴퍼니
펴낸곳	도서출판 THE북
출판등록	2019년 2월 15일 제2019-000021호
주소	서울특별시 영등포구 양평로12가길 14 310호
전화	02-2069-0116
이메일	thebookncompany@gmail.com
ISBN	979-11-990195-8-4 (13740)

· 책값은 뒤표지에 있습니다.
· 잘못 만들어진 책은 구입하신 곳에서 교환해 드립니다.

MANGA DE OSARAI CHUGAKU EIGO
© Mami Fukuchi & Motoharu Takahashi 2015
First published in Japan in 2015 by KADOKAWA CORPORATION, Tokyo.
Korean translation rights arranged with KADOKAWA CORPORATION, Tokyo through JM Contents Agency Co., SEOUL.

이 책의 한국어판 저작권은 저작권자와의 독점 계약으로 도서출판 THE북에 있습니다.
저작권법에 의해 한국 내에서 보호를 받는 저작물이므로 무단 전재와 복제를 금합니다.